제 1 부

제 2 부

제 1 부

법원은 국민 속으로

사찰 신도가 주지에게 건넨 돈이 빌려준 돈일까, 보시하여 증여한 돈일까?

대법원 2011. 7. 14. 선고 2011다26544 판결

사안 바라보기

사찰 신도 A 씨는 주지인 B 씨를 대신하여 자연석불 등의 구매대금 2,500만 원을 석재 판매업자에게 송금하였고, 반년 정도 지난 뒤에도 다른 용도로 B 씨에게 1,000만 원을 건넸다. A 씨는 위 돈은 B 씨에게 빌려준 것이니 돌려달라고 주장하였고, B 씨는 위 돈은 신도인 A 씨가 보시하여 증여한 것이니 돌려줄 수 없다고 주장하였다. A 씨가 주지에게 건넨 위 3,500만 원은 빌려준 돈일까, 아니면 보시하여 증여한 돈일까?

차용증을 받았다는 등 A 씨가 종전에 주지 B 씨에게 한 다른 증여와 구별될 수 있는 뚜렷한 징표에 관한 증명이 없는 이상 위 3,500만 원은 보시하여 증여한 돈으로 보아야 한다.

깊게 들여다보기

대여인가, 증여인가?

사찰 신도 A 씨는 2007. 11. 자연석불 등의 구매와 관련하여, 석재 판매업자인 L 씨에게 2,500만 원을 송금하여 사찰 주지 B 씨의 석재대금채무를 대신 변제하였다. A 씨는 반년 정도 지난 2008. 5. 9. B 씨에게 수표 1,000만 원을 건네주었고, 그날 주지는 위 수표로 불상 제작 및 판매업자인 K 씨에게 관세음보살상 대금을 지급하였다.

이후 A 씨는 2008. 5. 8. S 씨에게서 차용증 초안을 건네받아 다음 날 B 씨의 날인을 받았다고 주장하면서 차용증을 증거로 제시하였지만, 차용증 위조 등의 혐의로 기소되어 유죄판결을 받았다. 한편 S 씨는 A 씨의 요청으로 2008. 5. 9. 차용증 초안을 작성하여 A 씨에게 건네주었다고 증언하였다.

A 씨는 위 3,500만 원을 대여하였다고 주장하였고, B 씨는 위 돈은 A 씨가 자신에게 보시하여 증여한 것이라고 주장하였다.

관련 규정 돋보기

민사소송법 제202조(자유심증주의)

법원은 변론 전체의 취지와 증거조사의 결과를 참작하여 자유로운 심증으로 사회정의와 형평의 이념에 입각한 논리와 경험의 법칙에 따라 사실주장이 진실한지 아닌지를 판단한다.

자유심증주의에도 한계가 있다

민사소송법 제202조가 선언하고 있는 자유심증주의는 형식적, 법률적인 증

거규칙으로부터의 해방을 뜻할 뿐 법관의 자의적인 판단을 용인한다는 것이 아니므로, 적법한 증거조사절차를 거쳐 증거능력 있는 적법한 증거에 의하여 사회정의와 형평의 이념에 입각한 논리와 경험의 법칙에 따라 사실주장의 진실 여부를 판단하여야 하며, 비록 사실의 인정이 사실심의 전권에 속한다고 하더라도 이와 같은 제약에서 벗어날 수 없다(대법원 1982. 8. 24. 선고 82다카317 판결, 대법원 2008. 2. 14. 선고 2007다57619 판결 등).

A 씨가 B 씨에게 건넨 돈은 보시하여 증여한 것이다

대법원은 A 씨가 종전에도 3,000만 원 상당을 B 씨에게 보시하여 증여한 적이 있었고, 차용증 위조 혐의로 기소되어 유죄판결을 선고받았으며, 증인 S 씨가 A 씨의 요청으로 차용증 초안을 작성하였다고 증언하였지만 차용증 초안 교부 시기에 대해서 A 씨와 S 씨의 진술이 서로 다른 점 등의 사정에 비추어 볼 때, S 씨의 증언만으로는 차용증 초안이 2008. 5.경 1,000만 원을 건넬 당시 작성되었다고 인정하는 것은 경험칙에 반한다고 보았다. 나아가 설령 차용증 초안이 그 무렵 작성되었다고 보더라도, 그러한 사정만으로 위 돈의 성격을 단정하는 것은 지나친 논리의 비약이라고 보았다.

그리고 대법원은 오히려 위와 같은 사정들에 따르면, A 씨가 B 씨에게서 차용증을 받았다는 등 A 씨가 종전에 B 씨에게 한 다른 증여와 구별될 수 있는 뚜렷한 징표에 관한 증명이 없는 이상 위 3,500만 원도 보시하여 증여한 돈으로 보아야 한다고 판단하였다. 따라서 신도 A 씨는 주지 B 씨에게서 3,500만 원을 돌려받을 수 없다.

자녀가 상속한 토지를 재혼한 남편의 사업자금 용도로 매도한 경우의 효력

대법원 2011. 12. 22. 선고 2011다64669 판결

사안 바라보기

법정대리인인 친권자가 미성년자 본인에게 경제적인 손실만을 가져오는 반면, 친권자나 제3자에게 경제적인 이익을 가져오는 대리행위를 한 경우, 친권자의 대리행위는 효력이 있을까?

친권자가 자기 또는 제3자의 이익을 위하여 배임행위를 하였다는 사정을 상대방이 알았거나 알 수 있었을 경우에는 무효이다.

깊게 들여다보기

엄마가 자녀들의 토지를 재혼한 남편의 사업자금으로 쓰려고 몰래 팔다니

A 씨는 B 씨와 혼인하여 C와 D 양을 출산한 후 이혼하였다. 이혼을 하면서 아버지인 B 씨가 친권자 및 양육자로 지정되어 미성년자인 C와 D 양을 키우다가 사고로 사망하였다. A 씨는 B 씨가 C와 D 양에게 남긴 상속재산 토지를 몰래 C와 D 양 앞으로 각 2분의 1씩 상속등기를 한 다음, E 씨에게 매각하고, 매각대금을 재혼한 남편의 사업자금과 자신의 생활비 및 빚을 갚는 데 소비하였다. 이러한 사실을 알게 된 C와 D 양의 할머니가 특별대리인으로서 E 씨를 상대로 토지에 대한 소유권이전등기 말소를 구하는 소송을 제기하였다.

관련 규정 돋보기

민법 제107조(진의 아닌 의사표시)

① 의사표시는 표의자가 진의 아님을 알고 한 것이라도 그 효력이 있다. 그러나 상대방이 표의자의 진의 아님을 알았거나 이를 알 수 있었을 경우에는 무효로 한다.

대리인의 의사표시가 진의(眞意)가 아님을 상대방이 알았거나 알 수 있었다면

진의 아닌 의사표시가 대리인에 의하여 이루어지고, 대리인이 본인의 이익이나 의사에 반하여 자기 또는 제3자의 이익을 위하여 배임적인 의사표시를 하였다는 것을 상대방이 알았거나 알 수 있었을 경우에는, 민법 제107조 제1항 단서를 유추해석하여 대리인의 행위에 대하여 본인은 책임을 지지 않는다는 것이 대법원의 입장이다. 이때 상대방이 대리인의 표시의사가 진의가 아님을 알았거나 알 수 있었는지는 표의자인 대리인과 상대방 사이에 있었던 의사표시 형성 과정과 내용 및 효과 등을 객관적인 사정에 따라 합리적으로 판단해야 한다.

그리고 대법원은 위와 같은 법리가 미성년자의 법정대리인인 친권자의 법률행위에도 마찬가지로 적용된다고 보았다.

엄마가 대신한 매매계약을 무효로 하고 자녀들에게 소유권을 되찾아 주다

대법원은 우선 이 사건 매매계약은 본인인 C와 D 양의 이익을 무시하고 오로지 법정대리인인 A 씨와 제3자인 재혼한 남편의 이익을 위해서만 한 대리권 남용 행위라고 전제한 다음, 매수인 E 씨가 부동산중개사무실 직원에게서 이 토지가 매물로 나왔다는 연락을 받고 토지등기부등본이나 계약서를 전혀 확인하지 않은 채 당일 매매계약을 체결하고 1억여 원에 이르는 거액의 돈을 지급한 점, 이 토지와 불과 800m 정도 떨어진 곳의 토지가 약 1년 전에 평당 60만 원 정도에 매매되었는데,

이 토지가 도로변에 접하지 않았다는 점을 감안하더라도 평당 17만 원 정도에 이 토지를 매매한 가격은 시세에 비하여 매우 낮고, 매수인 E 씨가 죽은 B 씨와 30여 가구에 불과한 작은 마을의 같은 고향 사람으로 매매계약 체결 당시에도 B 씨의 모친과 E 씨의 모친은 고향에서 한 집 건너에 살고 있는 점, 법무사 사무장이 매매계약 체결 당시 E 씨에게 매도인이 미성년자라서 법정대리인인 친권자가 대리하여 계약을 체결한다고 설명한 점 등의 사정을 고려하면, E 씨가 매매계약을 체결할 당시에 A 씨가 임의로 C와 D 양의 이익이나 의사에 반하여 토지를 매각하려 한다는 배임적인 사정을 알았거나 알 수 있었다고 보아, 매매계약이 본인인 C와 D 양에게 효력이 미치지 않는다고 판단하였다.

한 걸음 더

회사의 대표이사가 자기 또는 제3자의 이익을 꾀할 목적으로 권한을 남용한 경우 상대방이 대표이사의 진의를 알았거나 알 수 있었다면

주식회사의 대표이사가 대표권의 범위 안에서 한 행위는 설령 대표이사가 회사의 영리목적과 관계없이 자기 또는 제3자의 이익을 도모할 목적으로 권한을 남용한 것이라고 할지라도 일단 회사의 행위로서 유효하지만, 그 행위의 상대방이 대표이사의 진의를 알았거나 알 수 있었을 때에는 회사에 대하여 무효가 된다(대법원 2013. 7. 11. 선고 2013다16473 판결).

변호사의 소송위임사무에 관한 약정보수를 감액할 수 있을까?

대법원 2012. 2. 23. 선고 2011다100961 판결

사안 바라보기

의뢰인이 변호사에게 착수금으로 지급한 보수가 과다한 경우 의뢰인은 변호사 보수를 반환받을 수 있을까?

변호사 보수가 부당하게 과다하여 신의성실의 원칙이나 형평의 원칙에 반한다고 볼 수 있으면, 상당하다고 인정되는 범위를 넘는 보수는 부당이득금으로 반환받을 수 있다.

깊게 들여다보기

형집행정지신청서를 작성해 주고 착수금 5,000만 원을 받아

서울구치소에 수감되어 있던 L 씨는 법조브로커 J 씨에게 형집행정지신청사건을 처리할 변호사를 소개해 달라고 부탁하였다. S 변호사는 J 씨의 소개로 L 씨에 대한 형집행정지신청사건을 수임하였고 착수금 5,000만 원을 받았다. S 변호사는 L 씨에게서 다른 변호사가 기존에 작성해 두었던 진료기록 분석자료 및 형집행정지신청서를 넘겨받아 내용을 일부 수정하여 신청서를 작성한 후 파일을 다시 L 씨에게 넘겨주었다. 이후 L 씨는 다른 법무법인을 선임하여 형집행정지신청을 하였으나 결국 형집행정지불허결정을 통보받았다. L 씨는 S 변호사와 약정한 변호사 보수가 부당하게 과다하다는 이유로 착수금 상당액을 부당이득금으로 반환할 것을 요구하였고, 원심법원은 변호사 보수를 3,000만 원으로 감액하였다.

변호사 보수가 부당하게 과다한지 판단하는 기준

위임사무를 완료한 변호사는 약정된 보수액을 전부 청구할 수 있는 것이 원칙이다. 하지만 의뢰인과의 평소 관계, 사건 수임의 경위, 착수금의 액수, 사건처리의 경과와 난이도, 노력의 정도, 소송물의 가액, 의뢰인이 승소로 얻

게 된 구체적 이익과 소속변호사회의 보수규정, 기타 여러 사정을 고려하여 약정된 보수액이 부당하게 과다하여 신의성실의 원칙이나 형평의 원칙에 반한다고 볼 만한 경우에는 변호사는 의뢰인에게 상당하다고 인정되는 범위 내의 보수액만을 청구할 수 있다.

변호사 보수가 부당하게 과다하여 신의성실의 원칙에 반하다

대법원은, S 변호사는 법조전문브로커인 J 씨를 통하여 형집행정지신청사건을 수임하였고, S 변호사가 위임계약에 따라 수행한 업무는 L 씨에게서 다른 변호사가 기존에 작성해두었던 진료기록 분석자료와 형집행정지신청서를 넘겨받아 이를 일부 수정하거나 첨삭하는 방법으로 형집행정지신청서를 작성하여 파일을 L 씨에게 넘겨준 정도에 불과하였으며, L 씨를 접견하여 상태를 확인하거나 검찰에 선임서와 함께 형집행정지신청서를 제출하는 등 형집행정지신청사건을 수임한 변호사가 통상적으로 행하는 다른 업무는 행한 바 없었다는 등의 사정에 비추어 3,000만 원의 보수 역시 부당하게 과다하여 신의성실의 원칙에 반한다고 판단하였다.

한 걸음 더

파기환송 후 결과

대법원판결 후 사건을 환송받은 법원은 S 변호사의 보수를 형집행정지신청사건의 수임 경위, 위임계약에서 정한 착수금, S 변호사가 형집행정지신청사건 처리에 들인 노력과 비용 등을 고려하여 1,000만 원으로 감액하고 나머지 착수금을 반환하라는 판결을 선고하였다.

형사사건 성공보수약정은 선량한 풍속 기타 사회질서에 위배되어 무효

형사사건 성공보수약정이 무효라는 판결이 최근에 선고되었다. 대법원은 형사사건 성공보수약정이 수사·재판의 결과를 금전적인 대가와 결부시킴으로써 기본적 인권의 옹호와 사회정의의 실현을 사명으로 하는 변호사 직무의 공공성을 저해하고 의뢰인과 일반 국민의 사법제도에 대한 신뢰를 현저히 떨어뜨릴 위험이 있으므로 선량한 풍속 기타 사회질서에 위배되어 무효라고 판단하였다(대법원 2015. 7. 23. 선고 2015다200111 전원합의체 판결).

일반 시청자가
방송보도로 정신적 고통을 받았다며
손해배상을 청구할 수 있을까?

대법원 2012. 5. 10. 선고 2010다15660 판결

사안 바라보기

방송보도에서 직·간접적으로 특정되지 않았거나 방송보도 내용과 개별적인 연관성이 없는 일반 시청자가 방송보도로 정신적 고통을 받은 경우, 인격권 등이 침해되었다며 방송사 등을 상대로 손해배상을 청구할 수 있을까?

일반 시청자는 특별한 사정이 없는 한 방송보도로 인격권 등 법익이 위법하게 침해되었다고 할 수 없으므로, 손해배상을 청구할 수 없다.

깊게 들여다보기

방송을 시청한 후 불안감과 공포심이 생기는 등 정신적 고통을 받았다고

M 방송국은 2008. 4.경 밤 11시부터 60분 동안 한 프로그램에서, '2008. 4. 18. 미국과 새로 합의한 쇠고기 수입위생조건에 따라 광우병에 걸린 미국산 쇠고기가 국내에 수입될 수 있고 이로 인해 국민의 생명과 건강이 위협받고 있다'는 내용의 "미국산 쇠고기, 광우병에서 안전한가?"라는 제목의 방송을 하였다. 이를 시청한 A 씨 등은 '방송사가 의도적으로 왜곡된 방송을 내보내 먹거리에 대한 막연한 불안감과 공포심이 생기는 등 정신적 고통을 받았다'며 M 방송국과 담당 PD들을 상대로 손해배상을 구하는 소송을 제기하였다.

관련 규정 돋보기

언론중재 및 피해구제 등에 관한 법률 제30조(손해의 배상)

① 언론 등의 고의 또는 과실로 인한 위법행위로 인하여 재산상 손해를 입거나 인격권 침해 또는 그 밖의 정신적 고통을 받은 자는 그 손해에 대한 배상을 언론사 등에 청구할 수 있다.

방송법 제4조(방송편성의 자유와 독립)

❶ 방송편성의 자유와 독립은 보장된다.

❷ 누구든지 방송편성에 관하여 이 법 또는 다른 법률에 의하지 아니하고는 어떠한 규제나 간섭도 할 수 없다.

방송의 자유를 훼손하고 방송의 기능을 저해할 우려

대법원은 방송은 그 속성상 불특정다수의 시청자를 대상으로 하고 방송보도로 일반 시청자에게 정신적 고통이 발생하는지와 고통의 정도는 시청자의 가치관 내지 세계관 등에 따라 지극히 주관적이고 임의적일 수밖에 없다. 그런데 이런 성격을 지닌 시청자의 정신적 고통을 이유로 방송보도를 한 이에게 불법행위책임을 인정한다면 방송의 자유를 훼손하고 자유로운 의견형성이나 여론형성에 필수적인 방송의 기능을 저해할 우려가 있다고 보았다.

방송 내용과 직접적 이해관계 등이 없는 일반 시청자는 방송사와 제작진에게 손해배상을 청구할 수 없다

대법원은 A 씨 등은 일반 시청자로서 방송에서 지칭 내지 특정되거나 방송과 직접적 이해관계가 있거나 개별적 연관성이 있는 사람이 아니어서 방송으로 인격권이나 재산권이 위법하게 침해되었다고 볼 수 없다. 그러므로 설령 A 씨 등이 방송으로 불안감, 공포감, 불신감, 분노감 등을 느꼈거나 다른 사람들과의 견해대립으로 불화와 갈등을 겪었거나 재산적 불이익을 입는 등으로 정신적 고통을 입었다고 하더라도, 방송사와 제작진에게 손해배상을 청구할 수 없다고 판단하였다.

한 걸음 더

농림수산식품부가 같은 방송 "미국산 쇠고기, 광우병에서 안전한가?"에 대하여 정정보도청구를 하는 것은?

대법원은, 위 방송의 전체적인 취지는 광우병에 걸린 미국산 쇠고기가 개정된 미국산 쇠고기 수입위생조건으로 국내에 수입될 수 있고 이로 인하여 국민의 생명과 건강이 위협받고 있다는 것인데, 방송의 전체적인 취지, 내용, 구조, 당사자의 지위 등을 고려하면 보도내용은 농림수산식품부가 주도한 미국산 쇠고기 수입협상 조건에 관한 비판의 근거로 삼기 위하여 광우병의 위험성에 관한 사실적 주장을 한 것이 명백하므로, 농림수산식품부는 위 방송내용과 개별적인 연관성이 있음이 인정되어, 보도내용이 진실하지 아니할 경우 정정보도를 청구할 이익이 있다고 판단하였다(대법원 2011. 9. 2. 선고 2009다52649 전원합의체 판결).

공인중개사 자격이 없는 사람이 중개수수료를 받을 수 있을까?

대법원 2012. 6. 14. 선고 2010다86525 판결

사안 바라보기

공인중개사 자격이 없는 사람이 부동산거래를 중개하면서 중개수수료를 받기로 약정한 경우, 중개수수료 지급 약정은 무효일까?

공인중개사 자격이 없는 사람이 중개사무소 개설등록을 하지 않은 채 부동산 매매계약을 중개하면서 중개수수료를 받기로 약정하였다면 강행법규에 위배되어 무효이다. 그러나 우연한 기회에 단 1회 다른 사람들 사이의 거래행위를 중개한 것처럼 '중개를 업으로 한' 것이 아닌 경우에는 무효라고 볼 수 없다.

깊게 들여다보기

공인중개사 자격이 없으니 중개수수료를 돌려 달라?

A 씨가 B 씨에게서 모텔 건물을 직접 매수하려고 하다가 거절당하자 중학교 동기이자 B 씨의 친구인 C 씨에게 도와달라고 요청하였다. 공인중개사 자격이 없는 C 씨는 중개사무소 개설등록을 하지 않은 채 A 씨와 함께 건물을 답사한 후, A 씨와 B 씨가 매매계약을 체결하는 자리에 입회하여 매매계약서에 입회인으로 서명 · 날인하였다. C 씨는 A 씨가 B 씨에게 중도금과 잔금을 지급할 때 중간 역할을 하였고, 그 무렵 A 씨에게서 매매계약을 소개 · 알선한 데 따른 수수료 명목으로 돈을 받기로 약정하였다. C 씨는 A 씨에게서 중도금 지급일에 현금 500만 원을, 잔금 지급일에 액면금 500만 원의 약속어음을 받아 모두 1,000만 원을 받았고, 현금 500만 원을 받으면서 A 씨에게 '일금 오백만 원, 위 금액은 부동산(여관) 매매과정에서 중간 역할을 한 수수료로 정히 영수함'이라고 적은 영수증을 주었다. 이후 A 씨는 중개수수료 1,000만 원의 반환을 구하는 소송을 제기하였다.

관련 규정 돋보기

공인중개사법

제1조(목적)

이 법은 공인중개사의 업무 등에 관한 사항을 정하여 그 전문성을 제고하고 부동산중개업을 건전하게 육성하여 국민경제에 이바지함을 목적으로 한다.

제2조(정의)

3. "중개업"이라 함은 다른 사람의 의뢰에 의하여 일정한 보수를 받고 중개를 업으로 행하는 것을 말한다.

중개를 업(業)으로 한 것인가, 아닌가?

여기서 중요한 것은 업으로서 중개를 한 것이냐 하는 문제이다. 중개를 업으로 하였는지는 중개행위의 목적이나 규모·횟수·기간·태양 등 여러 사정에 비추어 사회통념에 따라 판단해야 한다. 반복·계속하여 중개행위를 한 것은 물론 비록 단 한 번의 행위라 하더라도 반복·계속할 의사로 중개행위를 하였다면 중개를 업으로 한 것에 해당하지만, 우연한 기회에 다른 사람 사이의 거래행위를 중개하고 수수료를 받은 경우에는 중개를 업으로 한 것으로 볼 수 없다.

중개를 업으로 한 것이 아닌 경우 중개수수료를 지급받기로 한 약정은 무효라고 할 수 없다

공인중개사 자격이 없는 사람이 우연한 기회에 단 1회 다른 사람 사이의 거래를 중개한 경우 등과 같이 '중개를 업으로 한' 것이 아니라면 그에 따른 중개수수료 지급 약정이 강행법규에 위배되어 무효라고 할 것은 아니다. 다만 중개수수료가 부당하게 과다하여 민법상 신의성실의 원칙이나 형평의 원칙에 반하는 경우에는 타당하다고 인정되는 범위 내로 감액된 보수액만을 청구할 수 있다.

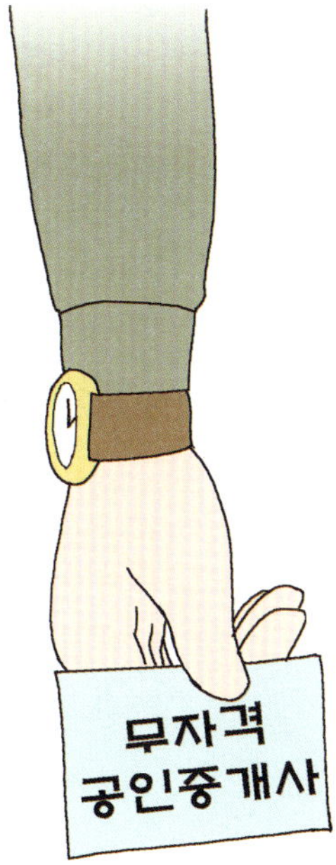

대법원은 C 씨가 매매계약을 중개한 것은 맞으나, 이는 우연한 기회에 친구의 부탁으로 친구들 사이의 부동산 중개를 한 차례 하게 된 것으로서 중개를 업으로 한 것이라고 볼 수 없고, 이러한 경우 A 씨와 C 씨 사이의 수수료 지급 약정이 강행법규에 위배된다고 할 수 없다고 판단하였다.

한 걸음 더

부동산 중개를 업으로 하였다고 본 사례

공인중개사가 운영하는 부동산중개사무소의 보조원으로 일하던 L 씨가, Y 교회가 25억 원 상당의 건물을 J 씨에게서 사는 것을 중개하고 3,000만 원의 수수료를 받기로 약정한 사안에서, 대법원은 공인중개사 자격이 없는 사람이 법령을 위반해 부동산중개업을 하면서 수수료를 받는 행위는 투기적·탈법적 거래를 조장해 거래질서의 공정성을 해칠 우려가 있다면서 공인중개사 자격이 없는 L 씨가 중개사무소 개설등록을 하지 않은 채 부동산 매매계약을 중개하면서 매매당사자와 체결한 중개수수료 지급 약정은 강행규정에 위배되어 무효라고 판단하였다(대법원 2010. 12. 23. 선고 2008다75119 판결).

업종제한 약정을 지키지 못한 상가 분양자의 손해배상책임

대법원 2012. 6. 28. 선고 2010다18133 판결

사안 바라보기

상가 분양계약을 체결하면서 업종제한 약정에 따라 기존 수분양자와 다른 업종을 지정받은 수분양자가 임의로 업종을 변경하여 기존 수분양자와 같은 종류의 영업을 하는 경우, 기존 수분양자가 업종제한 약정 위반을 이유로 상가 분양자를 상대로 손해배상을 청구할 수 있을까?

상가 분양자가 이를 알고도 방치하였다면 기존 수분양자에 대하여 손해배상책임을 부담할 수 있지만, 알고도 방치한 것이 아니라면 손해배상책임을 지지 않는다.

깊게 들여다보기

당구장 영업을 하기로 하고 상가를 분양받은 후 약정을 어기고 PC방 영업을 하다니

A 씨는 상가 분양계약을 체결하면서 업종제한 약정에 따라 분양자인 B 회사에서 지정받은 업종인 PC방 영업을 하고 있었다. 그런데 그 후 별도의 점포를 분양받은 C 씨가 분양대행사 직원에게서 업종제한 약정에 관한 설명을 듣고 당구장 영업을 지정받은 다음 임의로 PC방 영업을 위한 내부 수리를 하자, A 씨는 분양대행사 직원을 찾아가 항의하였다. 위 직원은 즉시 사실확인 전화를 하였고, C 씨가 사실은 PC방 영업을 위한 내부 수리를 하면서도 당구장 영업을 준비하는 중이라고 대답하자, 위 직원은 다시 한 번 C 씨에게 PC방은 이미 분양되었으므로 상가에서 PC방 영업은 할 수 없다고 주의를 주었다.

그런데도 C 씨는 PC방 영업에 필요한 내부 수리를 마친 후 점포를 다른 사람에게 임대하여 임차인이 PC방 영업을 하였고, A 씨는 업종제한 약정의 위반을 이유로 상가 분양자인 B 회사와 분양대행자 등을 상대로 손해배상을 청구하였다.

관련 규정 돋보기

민법 제390조(채무불이행과 손해배상)

채무자가 채무의 내용에 좇은 이행을 하지 아니한 때에는 채권자는 손해배상을 청구할 수 있다. 그러나 채무자의 고의나 과실 없이 이행할 수 없게 된 때에는 그러하지 아니하다.

분양자가 알고도 방치하였다면 손해배상책임을 부담한다

상가 분양자가 수분양자에게 특정 영업을 지정하여 분양하였다면 특별한 사정이 없는 한 지정업종에 대한 경업금지의무는 수분양자들뿐만 아니라 분양자에게도 적용된다. 그러므로 분양자는 기존 수분양자의 지정업종과 같거나 유사한 업종으로 다른 점포를 분양할 수 없고, 수분양자가 지정업종의 변경을 요청하는 경우에도 함부로 승인해서는 안 된다. 만약 수분양자가 마음대로 업종을 변경하여 기존 수분양자의 지정업종과 경업관계에 있게 된 경우 업종 환원을 요구하거나 분양계약을 해제하는 등으로 기존 수분양자의 영업권이 실질적으로 보호되도록 최선을 다할 의무를 부담한다. 따라서 수분양자가 기존 수분양자의 지정업종과 같거나 유사한 종류의 영업을 하는 것을 분양자가 알고도 방치하여 기존 수분양자가 손해를 입었다면 분양자도 기존 수분양자에 대하여 손해배상책임을 부담할 수 있다.

이 사건의 경우는 분양자가 알고도 방치하였다고 볼 수 없다

대법원은 분양계약서에 업종제한 규정이 명시되어 있는 점, 분양자 등이 수분양자들에게 업종제한 규정을 설명하여 업종을 지정받도록 하였고, C 씨에게도 당구장 영업을 지정한 점, 일반인으로서는 내부 수리를 하는 모습만으로 PC방을 준비하는지 당구장을 준비하는지 명확히 알기 어려운 점, 분양대행사 직원이 A 씨와 함께 C 씨에게 전화하여 PC방 영업을 준비하는 것은 아닌지 확인하였고, PC방 영업은 할 수 없다고 거듭 주지시킨 점 등에 비추어, C 씨와 임차인이 A 씨의 지정업종과 같은 PC방 영업을 하는 것을 분양자 등이 알고도 방치하였다고 볼 수 없다고 판단하였다. 따라서 분양자인 B 회사는 A 씨에 대하여 손해배상 책임을 지지 않는다.

한 걸음 더

분양자가 상가 활성화를 위하여 업종을 일부 변경한 경우 수분양자들에 대하여 손해배상책임을 질까?

분양자가 업종을 지정하여 임대분양하였는데, 입점 상인들이 매출이 저조한 점포 수를 축소하고 상가 활성화 시설을 유치해달라고 건의하자, 업종 일부를 변경하고 매장의 위치를 재조정하여 상가 구성을 변경한 사안에서, 분양자의 수분양자들에 대한 손해배상책임을 인정하지 않았다. 대법원은 대규모 상가 분양에서 특정 영업을 정하여 분양한 경우 수분양자들 사이에서뿐만 아니라 분양자도 수분양자에 대하여 지정업종에 관한 경업금지의무를 부담하지만, 이러한 의무는 수분양자의 영업권을 실질적으로 보호하기 위한 것이므로, 비록 분양자가 상가의 활성화를 위하여 업종 일부 변경 등으로 상가의 구성을 변경하였더라도, 그로 인하여 기존의 영업상 이익을 침해받을 우려가 없는 수분양자에 대하여는 의무를 위반한 것이 아니라고 판단하였다(대법원 2008. 5. 29. 선고 2005다25151 판결).

아파트 상가 소유자는 단지 내 주차장을 이용할 수 있을까?

대법원 2012. 12. 13. 선고 2011다89910, 89927 판결

사안 바라보기

A 씨는 H 아파트 단지 내에 위치한 상가동의 점포 소유자로서 화물운송업을 하고 있다. H 아파트 단지 내에는 지상주차장이 설치되어 있는데, 아파트 입주자대표회의에서 지정 차량 1대에 대하여만 주차스티커를 발급하고, A 씨의 영업활동을 위한 다른 차량이 주차장에 출입, 통행 및 주정차하는 것은 제한하고 있다. A 씨는 H 아파트 입주자대표회의의 결정에 따라야 할까?

A 씨는 대지사용권에 기하여 A 씨 소유 차량들을 H 아파트 단지 내 주차장에 통행, 출입 및 주정차시킬 수 있는 권리를 가진다.

깊게 들여다보기

아파트 상가 입주자의 단지 내 주차장 이용을 제한한다고?

아파트 입주자와 상가 입주자가 주차장 이용을 두고 갈등을 빚는 것은 낯선 문제가 아니다. 방문자가 많고 차량 이용이 빈번한 상가 측에 대하여 아파트 측은 주차 통제를 하고자 하고 이에 상가 측은 반발하게 되는데, 주차 공간이 부족한 아파트의 경우 갈등은 더욱 심화된다. 관리규약 또는 합의를 통하여 해결할 수 있지만, 갈등이 심화되면 법적 분쟁으로까지 이어지는 경우가 종종 발생한다.

H 아파트의 경우 준공 당시 단지 내에 차량 546대를 주차할 수 있는 지상주차장이 설치되었는데, 아파트 세대 수는 총 604세대로서 아파트 단지 내 주차난이 심각해지자 입주자대표회의에서 A 씨를 포함한 상가 입주자들이 단지 내 주차장을 이용하는 것을 금지하는 결의를 하였고, 그 후 관리사무소 직원과 경비원을 동원하여 접착식 주차위반스티커를 붙이는 방법으로 상가 입주자의 주차를 통제하였다. 이에 점포를 실제로 운영하는 A 씨의 남편

인 B 씨가 주차방해금지 가처분신청을 하였고, '입주자대표회의는 B 씨가 지정하는 차량 1대의 주차행위를 방해하여서는 아니 된다'는 가처분결정에 따라 입주자대표회의는 B 씨가 지정하는 1대의 차량에 대하여만 주차스티커를 발급하였다.

관련 규정 돋보기

집합건물의 소유 및 관리에 관한 법률 제2조(정의)

6. "대지사용권"이란 구분소유자가 전유부분을 소유하기 위하여 건물의 대지에 대하여 가지는 권리를 말한다.

상가 소유자는 대지 전부를 용도에 따라 사용할 수 있다

H 아파트와 부대시설 및 상가를 포함한 복리시설은 여러 필지의 대지 위에 준공되었는데, 아파트와 상가의 각 구분건물마다 대지 전체에 대한 일부 공유지분을 대지권으로 하는 등기가 마쳐졌고, A 씨의 점포도 일부 지분의 대지권 등기가 마쳐졌다.

1동의 건물의 구분소유자들이 건물의 대지를 공유하고 있는 경우, 각 구분소유자는 별도의 규약이 존재하는 등의 특별한 사정이 없는 한 대지에 대하여 가지는 공유지분의 비율에 관계없이 건물의 대지 전부를 용도에 따라 사용할 수 있는 적법한 권원을 가진다. 이러한 법리는 한 필지 또는 여러 필지의 토지 위에 축조된 여러 동의 건물의 구분소유자들이 토지를 공유하고 있는 경우에도 마찬가지로 적용된다.

대법원은 A 씨가 상가의 구분소유자로서 대지 전부를 용도에 따라 사용할 수 있는 적법한 권한을 가지므로, 이러한 대지사용권에 근거하여 A 씨 소유의 차량들을 대지의 일부인 주차장에 통행, 출입 및 주·정차시킬 수 있는 권리를 가진다고 판단하였다. 결국 A 씨는 차량 대수와 관계없이 단지 내 주차장을 사용할 수 있게 되었다.

제 1 부

한 걸음 더

입주자대표회의가 아파트 단지 출입구에 차단기를 설치한 경우에는?

아파트 단지를 관리하는 단체가 외부 차량의 아파트 단지 내 출입을 통제하는 것이 아파트 단지 내 상가건물 구분소유자들의 대지사용권을 방해하는 침해행위가 되는지 여부는, 아파트 단지 내 상가건물과 부속주차장의 위치 및 이용관계, 아파트 단지 안으로의 출입 통제 방법, 아파트 및 상가건물 부근의 지리적 상황, 아파트 입주자들과 상가건물의 소유자 또는 이용자의 이해득실 기타 제반 사정을 참작하여 사회통념에 따라 판단하여야 한다.

대법원은 차단기가 아파트 단지 내의 불법주차와 도난사고 및 과속으로 인한 교통사고를 막기 위한 조치로서 아파트 입주자들뿐만 아니라 상가건물의 구분소유자들에게도 이익이 될 수 있는 점 등에 비추어, 아파트 입주자대표회의가 아파트 단지 출입구에 차단기를 설치하여 외부 차량의 출입을 통제하는 행위는 아파트 단지 내 상가건물 구분소유자들의 수인한도를 넘어 대지사용권을 침해하였다고 볼 수 없다고 판단하였다(대법원 2009. 12. 10. 선고 2009다49971 판결).

부부간 명의신탁약정은 사망한 배우자의 상속인과의 관계에서도 유효하게 존속할까?

대법원 2013. 1. 24. 선고 2011다99498 판결

사안 바라보기

S 씨는 부동산을 취득하여 편의상 아내인 H 씨 명의로 소유권이전등기를 마쳤다. S 씨는 H 씨 사망 후 상속인인 K 씨를 상대로 명의신탁약정 해지를 원인으로 한 소유권이전등기절차의 이행을 구할 수 있을까?

S 씨와 H 씨 사이의 부동산에 관한 명의신탁약정은 H 씨의 명의수탁자로서의 지위를 그대로 승계한 K 씨와의 사이에서도 여전히 유효하게 존속하므로, K 씨는 S 씨에게 명의신탁약정 해지를 원인으로 한 소유권이전등기절차를 이행할 의무가 있다.

깊게 들여다보기

부동산을 취득하여 편의상 아내 명의로 소유권이전등기를 마쳤는데

S 씨는 부동산을 취득하여 편의상 아내인 H 씨의 명의로 소유권이전등기를 마쳤다. 그 후 S 씨는 H 씨를 살해하였는데, H 씨가 사망할 당시 H 씨에게는 유족으로 남편인 S 씨 외에도 이혼한 전 남편과 사이에서 낳은 아들인 K 씨가 있었다. 고의로 배우자를 살해한 자는 민법 제1004조 제1호에 따라 상속인이 되지 못하므로 S 씨는 H 씨의 상속인이 되지 못하였고, K 씨가 H 씨의 권리의무를 단독으로 상속하였다. 현재 위 부동산은 K 씨가 점유·사용하고 있다. S 씨는 K 씨를 상대로 명의신탁약정 해지를 원인으로 한 소유권이전등기절차의 이행을 구할 수 있을까?

관련 규정 돋보기

부동산 실권리자명의 등기에 관한 법률(약칭: 부동산실명법)

제4조(명의신탁약정의 효력)

❶ 명의신탁약정은 무효로 한다.

❷ 명의신탁약정에 따른 등기로 이루어진 부동산에 관한 물권변동은 무효로 한다.

제8조(종중, 배우자 및 종교단체에 대한 특례)

다음 각 호의 어느 하나에 해당하는 경우로서 조세 포탈, 강제집행의 면탈 또는 법령상 제한의 회피를 목적으로 하지 아니하는 경우에는 제4조부터 제7조까지 및 제12조 제1항부터 제3항까지를 적용하지 아니한다.

2. 배우자 명의로 부동산에 관한 물권을 등기한 경우

명의신탁약정이란?

명의신탁약정이란 부동산에 관한 소유권이나 그 밖의 물권을 보유한 자 또는 사실상 취득하거나 취득하려고 하는 자가 타인과의 사이에서 대내적으로는 자신이 부동산에 관한 물권을 보유하거나 보유하기로 하고 그에 관한 등기는 타인의 명의로 하기로 하는 약정을 말한다. 이러한 명의신탁약정은 부동산실명법 제4조 제1호에 따라 무효이다.

부부간 명의신탁약정은 유효하다 그런데 배우자가 그 후 사망한 경우에는?

부부간에는 일방의 명의로 부동산을 등기하는 경우가 상당하므로 현실적으로 부부간 명의신탁을 무효라고 한다면 사회적 혼란을 초래할 우려가 있다. 이에 부동산실명법 제8조 제2호는 '배우자 명의로 부동산에 관한 물권을 등기한 경우'로서 조세 포탈, 강제집행의 면탈 또는 법령상 제한의 회피를 목적으로 하지 아니하는 경우에는 명의신탁약정을 예외적으로 유효한 것으로 인정하고 있다.

따라서 S 씨와 H 씨 사이의 명의신탁약정은 부동산실명법 제8조 제2호가 정한 부부간 명의신탁약정에 해당하여 유효하다. 그런데 H 씨가 사망한 경우에는 H 씨의 명의수탁자로서의 지위를 승계한 K 씨와 S 씨 사이의 명의신탁약정이 부동산실명법 제4조에 따라 무효로 되는지가 쟁점이 되었다.

부부간 명의신탁약정은 사망한 배우자의 다른 상속인과의 관계에서도 여전히 유효하게 존속한다

대법원은 명의신탁을 받은 사람이 사망하면 명의신탁관계는 재산상속인과의 사이에 그대로 존속하는데, 부동산실명법 제8조 제2호의 문언상 명의신탁약정에 따른 명의신탁등기의 성립 시점에 부부관계가 존재할 것을 요구하고 있을 뿐 부부관계의 존속을 효력 요건으로 삼고 있지 아니한 점, 부동산실명법상 제8조 제2호에 따라 일단 유효한 것으로 인정된 부부간 명의신탁에 대하여 그 후 배우자 일방의 사망 등으로 부부관계가 해소되었음을 이유로 이를 다시 무효화하는 별도의 규정이 존재하지 아니하는 점, 부부간 명의신탁이라 하더라도 조세 포탈 등의 목적이 없는 경우에 한하여 위 조항이 적용되는 것이므로 부부관계가 해소된 이후에 이를 그대로 유효로 인정하더라도 새삼 부동산실명법의 입법 취지가 훼손될 위험성은 크지 아니한 점 등에 비추어 보면, 부동산실명법 제8조 제2호에 따라 부부간 명의신탁이 일단 유효한 것으로 인정되었다면 그 후 배우자 일방의 사망으로 부부관계가 해소되었다고 하더라도 명의신탁약정은 사망한 배우자의 다른 상속인과의 관계에서도 여전히 유효하게 존속한다고 판단하였다.

결국, S 씨와 H 씨 사이의 부동산에 관한 명의신탁약정은 H 씨의 명의수탁자로서의 지위를 그대로 승계한 K 씨와의 사이에서도 여전히 유효하게 존속하므로, K 씨는 S 씨에게 명의신탁약정 해지를 원인으로 한 소유권이전등기절차를 이행할 의무가 있다.

한 걸음 더

명의신탁 후 결혼한 경우에도 부동산실명법 제8조 제2호가 적용될까?

부동산실명법 제8조 제2호는 '배우자 명의로 부동산에 관한 물권을 등기한 경우'라고 규정하고 있는데, 위 규정의 적용을 받기 위해서는 등기 시점에 부부관계가 성립되어 있음을 전제로 하는 것일까?

대법원은 명의신탁등기가 부동산실명법에 따라 무효가 되었다고 할지라도 그 후 명의신탁자와 명의수탁자가 혼인하여 등기명의자가 배우자로 된 경우에는 조세 포탈, 강제집행의 면탈 또는 법령상 제한의 회피를 목적으로 하지 아니하는 한 명의신탁등기는 당사자가 혼인한 때로부터 유효하게 된다고 판단하였다(대법원 2002. 10. 25. 선고 2002다23840 판결).

하자 있는 아파트 소유자의 손해배상청구권과 별도로 입주자대표회의가 하자보수보증금 청구권을 행사할 수 있을까?

대법원 2013. 2. 28. 선고 2010다65436 판결

사안 바라보기

아파트 입주자대표회의가 사업주체의 하자보수의무를 보증한 보증회사를 상대로 하자보수보증금을 구하는 소를 제기하였는데, 그 후 구분소유자의 하자보수를 갈음하는 손해배상청구권이 제척기간이 지나 소멸하였다면 입주자대표회의의 하자보수보증금청구권도 함께 소멸할까?

구분소유자의 하자보수를 갈음하는 손해배상청구권이 제척기간이 지나 소멸하더라도, 그와 별개의 권리인 입주자대표회의의 하자보수청구권이나 하자보수보증금청구권은 소멸하지 않는다.

깊게 들여다보기

입주자대표회의가 하자보수보증금을 청구하였는데 구분소유자의 하자담보추급권은 소멸하고

A 아파트 입주자대표회의가 구 집합건물의 소유 및 관리에 관한 법률(2003. 7. 18. 법률 제6925호로 개정되기 전의 것, 이하 '구 집합건물법'이라 한다)에 따라 구분소유자들이 가지는 하자담보추급권(하자보수청구권, 하자보수를 갈음하는 손해배상청구권, 하자보수와 함께 청구할 수 있는 손해배상청구권, 계약해제권)의 제척기간(10년)이 지나기 전에 아파트를 공동으로 건축하여 분양한 B 회사 등을 상대로는 하자보수를 갈음하는 손해배상을 청구하고, B 회사의 하자보수의무를 보증한 C 보증회사를 상대로는 입주자대표회의가 가지는 하자보수보증금을 청구하는 소를 제기하였는데, 구분소유자들이 가지는 하자담보추급권이 제척기간이 지나 소멸한 후에야 구분소유자들에게서 하자보수를 갈음하는 손해배상청구권을 양수하여 예비적으로 양수금 청구를 추가하였다.

관련 규정 돋보기

구 집합건물의 소유 및 관리에 관한 법률(2003. 7. 18. 법률 제6925호로 개정되기 전의 것)

제9조(담보책임)

① 제1조의 건물을 건축하여 분양한 자의 담보책임에 관하여는 민법 제667조 내지 제671조의 규정을 준용한다.

민법

제667조(수급인의 담보책임)

① 완성된 목적물 또는 완성 전의 성취된 부분에 하자가 있는 때에는 도급인은 수급인에 대하여 상당한 기간을 정하여 그 하자의 보수를 청구할 수 있다. 그러나 하자가 중요하지 아니한 경우에 그 보수에 과다한 비용을 요할 때에는 그러하지 아니하다.

② 도급인은 하자의 보수에 갈음하여 또는 보수와 함께 손해배상을 청구할 수 있다.

제668조(同前-도급인의 해제권)

도급인이 완성된 목적물의 하자로 인하여 계약의 목적을 달성할 수 없는 때에는 계약을 해제할 수 있다. 그러나 건물 기타 토지의 공작물에 대하여는 그러하지 아니하다.

구 주택건설촉진법(1999. 2. 8. 법률 제5908호로 개정되기 전의 것) 제38조(공동주택의 관리)

⑭ 사업주체(건축법 제8조의 규정에 의하여 건축허가를 받아 분양을 목적으로 하는 공동주택을 건축한 건축주를 포함한다)는 대통령령이 정하는 바에 의하여 공동주택의 하자를 보수할 책임이 있다.

⑮ 제14항의 규정에 의한 사업주체와 건축주는 대통령령이 정하는 바에 따라 하자보수보증금을 예치하여야 한다. 다만 국가·지방자치단체·대한주택공사 및 지방공사인 사업주체는 그러하지 아니하다.

구 공동주택관리령(1998. 12. 31. 대통령령 제16069호로 개정되기 전의 것) 제16조

② 제1항의 규정에 의한 기간 내에 공동주택 등의 하자가 발생한 때에는 입주자·입주자대표회의 또는 관리주체(이하 이 조에서 '입주자대표회의 등'이라 한다)는 사업주체에 대하여 그 하자의 보수를 요구할 수 있으며, 사업주체는 3일 이내에 이를 보수하거나 보수일정을 명시한 하자보수계획을 입주자대표회의 등에 통보하여야 한다.

⑤ 입주자대표회의 등은 사업주체가 제2항의 규정에 의한 하자보수계획을 이행하지 아니하거나 제3항의 규정에 의하여 하자보수명령을 받은 기간 내에 이를 이행하지 아니한 때에는 제17조의 하자보수보증금으로 직접 보수하거나 제3자에게 대행시킬 수 있다. 이 경우 입주자대표회의 등은 하자보수보증금의 사용내역을 사업주체에게 통보하여야 한다.

구분소유자의 '하자담보추급권'과 입주자대표회의의 '하자보수청구권' 및 '하자보수보증금청구권'이란?

구 집합건물법 제9조는 집합건물에 하자가 있는 경우 집합건물을 건축하여 분양한 자가 부담하는 담보책임에 관하여 민법상 수급인의 담보책임에 관한 규정을 준용하도록 하고 있고, 수급인의 담보책임에 관한 민법 제667조, 제668조 등은 도급인이 수급인에게 하자담보를 추급할 수 있는 권리로 '하자보수청구권, 하자보수를 갈음하는 손해배상청구권, 하자보수와 함께 청구할 수 있는 손해배상청구권, 계약해제권'을 규정하고 있다.

따라서 아파트의 구분소유자는 아파트를 건축하여 분양한 자를 상대로 하자보수청구권이나 하자보수를 갈음하는 손해배상청구권 등 하자담보추급권을 행사할 수 있다.

한편 구 주택건설촉진법(1999. 2. 8. 법률 제5908호로 개정되기 전의 것) 제38조는 '공동주택에 하자가 발생한 경우 주택건설사업을 시행한 사업주체에게 하자를 보수할 책임이 있고, 하자보수보증금을 금융기관에 예치하여야 한다'고 규정하고 있고, 구 공동주택관리령(1998. 12. 31. 대통령령 제16069호로 개정되기 전의 것) 제16조는 '입주자·입주자대표회의 또는 관리주체는 사업주체에 대하여 하자보수를 요구할 수 있고, 사업주체가 하자보수의무를 이행하지 않을 경우에는 하자보수보증금으로 입주자대표회의 등이 직접 하자보수를 하거나 제3자에게 하자보수를 대행시킬 수 있다'고 규정하고 있다.

따라서 입주자대표회의가 구성된 아파트의 경우는 입주자대표회의가 사업주체를 상대로 하자보수청구권을 행사할 수 있고, 금융기관(보증서를 예치한 경우는 보증서 발급기관)을 상대로 하자보수보증금청구권을 행사할 수 있다.

A 아파트 구분소유자의 하자담보추급권은 제척기간이 지나 소멸하였다

입주자대표회의는 구 주택건설촉진법 제38조와 구 공동주택관리령 제16조에서 정한 하자보수청구권 및 하자보수보증금청구권을 가질 뿐, 구 집합건물법 제9조가 집합건물의 구분소유자에게 부여한 하자담보추급권까지 가지는 것은 아니다. 따라서 입주자대표회의가 자신의 이름으로 하자보수를 청구하였다면 구 주택건설촉진법에 따른 하자보수청구권을 행사한 것이지 구분소유자들을 대신하여 하자담보추급권을 행사한 것으로 볼 수 없다. 이 사건의 경우, A 아파트 구분소유자들의 하자담보추급권은 입주자대표회의에 의하여 권한 없이 행사되었을 뿐이므로 제척기간이 지나 소멸하였다.

구분소유자의 하자담보추급권이 소멸하더라도 입주자대표회의의 하자보수청구권이나 하자보수보증금청구권이 함께 소멸한 것은 아니다

구 집합건물법에 따른 하자담보추급권과 구 주택건설촉진법에 따른 하자보수청구권 및 하자보수보증금청구권은 권리관계의 당사자와 내용이 서로 다른 별개의 권리이다.

따라서 구분소유자가 집합건물을 건축하여 분양한 자에 대하여 가지는 하자담보추급권이 제척기간이 지나 소멸하더라도, 입주자대표회의가 사업주체에 대하여 가지는 하자보수청구권이나 사업주체의 하자보수비용 지급채무를 보증한 보증회사에 대하여 가지는 하자보수보증금청구권이 함께 소멸한다고 볼 수 없다. A 아파트의 입주자대표회의는 C 보증회사를 상대로 하자보수보증금을 청구할 수 있다.

이혼 직전에 배우자에게 돈을 준 행위, 이혼을 가장하여 채권자의 이익을 해한 것일까?

대법원 2013. 2. 28. 선고 2012다82084 판결

사안 바라보기

채무자인 남편이 이혼하기 6개월 전에 자기 소유의 부동산을 팔아 그 돈을 아내에게 준 경우, 채권자의 이익을 해한 사해행위(詐害行爲)로서 채권자가 취소할 수 있을까?

채무자(남편)가 이혼하면서 배우자에게 재산분할 명목으로 재산을 증여한 것이라면, 채권자는 원칙적으로 증여행위를 취소할 수 없다. 이때 사해행위를 이유로 증여행위를 취소하려면, 채무자가 이혼을 가장하여 강제집행을 면하려고 한다는 점을 채권자가 증명해야 한다.

깊게 들여다보기

협의이혼 6개월 전에 부동산을 팔아 받은 돈 대부분을 아내에게 증여

남편인 A 씨는 아내 B 씨와 결혼한 지 33년 되는 해에 자신이 소유하던 부동산을 팔고 받은 대금 3억 3,500만 원 중 3억 3,000만 원을 B 씨에게 주었다. 그 후 약 6개월이 지나 A 씨와 B 씨는 협의이혼 신고를 했다.

A 씨가 B 씨에게 돈을 증여할 당시 A 씨는 양도소득세와 종합부동산세 등 세금을 내지 못하고 있었다. 관할 세무서는, A 씨가 실제로는 B 씨와 이혼할 의사가 없는데도 세금을 내지 않기 위해 가장이혼을 하면서 돈을 증여한 것이므로, A 씨의 증여행위는 사해행위에 해당하여 취소되어야 한다고 주장하였다.

관련 규정 돋보기

민법

제406조(채권자취소권)

① 채무자가 채권자를 해함을 알고 재산권을 목적으로 한 법률행위를 한 때에는 채권자는 그 취소 및 원상회복을 법원에 청구할 수 있다. 그러나 그 행위로 인하여 이익을 받은 자나 전득한 자가 그 행위 또는 전득 당시에 채권자를 해함을 알지 못한 경우에는 그러하지 아니하다.

제834조(협의상 이혼)

부부는 협의에 의하여 이혼할 수 있다.

제836조(이혼의 성립과 신고방식)

① 협의상 이혼은 가정법원의 확인을 받아, 가족관계의 등록 등에 관한 법률의 정한 바에 의하여 신고함으로써 그 효력이 생긴다.

② 전항의 신고는 당사자 쌍방과 성년자인 증인 2인의 연서한 서면으로 하여야 한다.

가장이혼이란?

가장이혼이란 실제로는 부부공동생활을 해소할 의사가 없으면서도 어떤 다른 목적을 달성하기 위하여 협의이혼의사의 확인을 받아 이혼신고를 하는 경우를 말한다. 협의이혼이 가장이혼이라는 이유로 무효가 되려면 누구나 납득할 만한 특별한 사정이 인정되어야 한다. 그렇지 않은 경우에는 협의이혼에 다른 목적이 있더라도 이혼당사자 사이에 일시적으로나마 법률상 적법한 이혼을 할 의사가 있었다고 보는 것이 옳다(대법원 2001. 5. 29. 선고 2000다59579 판결 등).

사해행위란?

사해행위란 채무자가 책임재산을 감소시키는 행위를 하여 일반채권자들을 위한 공동담보의 부족상태를 유발하거나 심화시켜 일반채권자들을 해하는 행위를 말한다. 빚을 갚지 않기 위하여 재산을 다른 사람에게 증여하는 등 처분하여 빚을 갚을 수 없는 상태가 된 경우 사해행위에 해당할 수 있다.

A 씨와 B 씨는 가장이혼을 한 것일까?

대법원은, 이혼 전에 B 씨가 A 씨에게서 A 씨의 적극재산 중 상당한 비율에 해당하는 돈을 지급받고 얼마 지나지 않아 협의이혼 신고를 했다면, 돈을 받은 시점이 협의이혼 신고를 하기 약 6개월 전이었다는 사정만으로 이혼에 따른 재산분할이 아니라고 단정할 수는 없다고 판단하였다. 또한 A 씨가 협의이혼 신고 후에도 여전히 B 씨와 함께 생활하고 있다거나, B 씨가 A 씨 명의의 증권계좌를 이용하여 주식거래를 한 것으로 보인다는 등의 사정이 A 씨와 B 씨의 협의상 이혼을 가장이혼으로 인정할 만한 특별한 사정에 해당하지도 않는다고 보았다.

재산분할이더라도 과대한 돈을 준 것이라면

다만 대법원은 A 씨가 B 씨에게 재산분할로 돈을 준 것이더라도, 그것이 상당한 정도를 넘는 과대한 것이라면 상당성을 벗어나는 초과 부분은 사해행위 취소의 대상이 된다고 보았다. 따라서 협의이혼과 돈을 지급한 경위 등을 좀 더 심리하여 실제로 돈을 재산분할로 준 것인지 여부와 만일 그렇다면 A 씨와 B 씨의 재산보유 상황 등 혼인 이후 이혼에 이르기까지의 모든 사정을 종합하여 B 씨가 받을 적정한 재산분할의 액수를 확정한 다음, 이를 넘는 부분에 한정하여 사해행위로서 취소를 명해야 한다는 것이다.

한 걸음 더

이혼한 뒤 남편에 대한 위자료 및 재산분할청구권을 모두 포기한다면?

아내가 남편과 이혼한 뒤 남편에 대한 위자료 및 재산분할청구권을 모두 포기하였는데, 아내의 채권자가 남편을 상대로 남편 소유 부동산의 일부 지분은 아내가 재산분할로 받을 수 있는 부분이고 아내가 재산분할청구권을 포기한 것은 사해행위라고 주장하면서 포기 약정의 취소를 구한 사안에서, 대법원은 사해행위 취소 청구를 받아들이지 않았다.

이혼으로 인한 재산분할청구권은 이혼을 한 당사자의 일방이 다른 일방에 대하여 재산분할을 청구할 수 있는 권리로서 이혼이 성립한 때에 그 법적 효과로서 비로소 발생하는 것일 뿐만 아니라, 협의 또는 심판에 의하여 구체적 내용이 형성되기까지는 그 범위 및 내용이 불명확·불확정하기 때문에 구체적으로 권리가 발생하였다고 할 수 없으므로 협의 또는 심판에 의하여 구체화되지 않은 재산분할청구권은 채무자의 책임재산에 해당하지 아니하고, 이를 포기하는 행위 또한 채권자취소권의 대상이 될 수 없다고 판단하였다(대법원 2013. 10. 11. 선고 2013다7936 판결).

제 2 부

국민은 법원 속으로

인감도장이 찍혀 있는 영수증과 각서, 무효가 될 수 있을까?

대법원 2013. 4. 25. 선고 2011다76679 판결

사안 바라보기

건물 임차인이 임대차계약을 해지하면서 임대인인 건물주에게 '임대차보증금을 전부 영수하였다'는 내용의 영수증과 '임대인이 인테리어 공사비를 상환한다'는 내용의 합의각서를 내밀며 보증금과 공사비를 달라고 요구한다. 영수증과 합의각서에는 임대인의 도장이 찍혀 있다. 임대인은 영수증과 합의각서에 따라 임차인에게 공사비 등을 주어야 할까?

영수증과 합의각서에 임대인의 도장이 찍혀 있다면 일단 문서 전체가 진정하게 성립되었다고 추정되므로, 임대인은 임차인에게 공사비 등을 주어야 한다. 그러나 영수증과 합의각서에 날인된 인영이 임대인의 의사에 따라 현출된 것인지에 관하여 법원이 의심을 품을 수밖에 없는 사정을 증명하면 문서의 진정성립의 추정은 깨어지므로, 임대인은 공사비 등을 주지 않아도 된다.

깊게 들여다보기

인감도장이 찍혀 있는 영수증과 합의각서에 따라 돈을 달라고

건물주 A 씨는 B 씨에게 건물 3층과 7층 부분을 임대하기로 하는 계약을 체결하고, 임차인 B 씨에게서 임차보증금 1억 원 중 2,000만 원을 받았다. B 씨는 그 건물에서 노래방과 음식점을 운영하기 위해 인테리어 공사를 하다가 자금난 등으로 공사를 중단하고 영업을 포기하였는데, A 씨가 공사를 이어받아 마무리한 뒤 다른 사람에게 임대하였다. B 씨는 A씨에게 '보증금의 잔금 8,000만 원을 영수하였다'는 내용의 영수증과 'B 씨가 인테리어 공사를 하고 비용을 지출하면 A 씨가 공사대금을 정산해 주고, 다른 사람에게 임대할 경우 돈으로 보상한다'는 내용의 합의각서를 근거로 제시하면서, 자신이 지출

한 인테리어 공사비 3억 1,500만 원과 보증금 1억 원을 달라는 소송을 제기하였다. 영수증과 합의각서에는 모두 A씨의 이름이 기재되어 있고, 그 옆에 A 씨의 인감도장이 찍혀 있다. 한편 A 씨는 영수증과 합의각서가 모두 위조된 것이라고 주장하고 있다.

관련 규정 돋보기

민사소송법 제358조(사문서의 진정의 추정)
사문서는 본인 또는 대리인의 서명이나 날인 또는 무인(拇印)이 있는 때에는 진정한 것으로 추정한다.

사문서의 진정성립의 추정

사문서에 찍힌 작성자 명의의 인영(印影, 도장자국)이 그의 도장에 의한 것이라면, 민사소송법에 따라 문서 전체가 진정하게 성립되었다고 추정된다. 그러나 인영의 진정성립, 곧 날인행위가 작성명의인의 의사에 따른 것이라는 추정은 사실상의 추정이므로 이를 다투는 사람이 반증을 들어 법원이 의심을 품게 하는 사정을 증명하면 진정성립의 추정은 깨어진다는 것이 종래 대법원의 입장이다(대법원 2003. 2. 11. 선고 2002다59122 판결).

영수증과 합의각서에 A 씨의 인감도장이 찍혀 있지만 진정성립을 인정할 수 없다

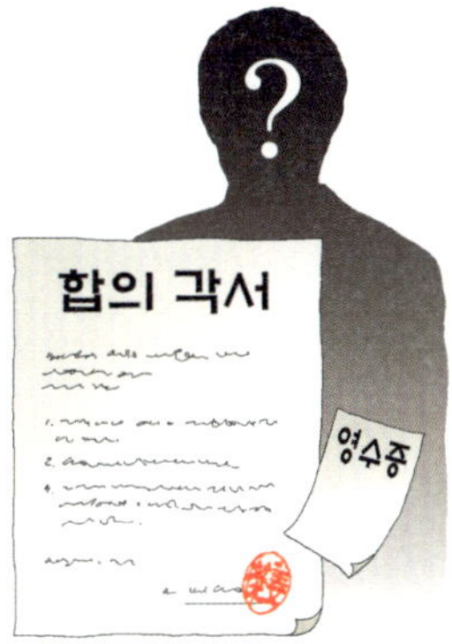

대법원은 영수증은 인쇄된 영수증 양식에 금액·내역·수취인·작성일자 등이 수기(手記)로 기재되어 있고 발행인인 A 씨와 입회인인 C 씨의 기명날인이 있으며, 합의각서는 백지에 모든 내용이 수기로 기재되어 있고 작성명의인인 A 씨와 B 씨, 입회인인 C 씨의 기명날인이 있는데, B 씨는 영수증과 합의각서를 C 씨에게서 건네받았다는 취지로만 주장할 뿐, 문서의 필적이 누구의 것인지, 두 사람의 인감도장을 누가 날인하였는지, 작성 당시에 C 씨가 실제로 입회한 것인지 등 구체적인 작성 경위에 관하여는 아무런 설명을 하지 못하고 있다고 보았다. 그리고 음식점과 노래방을 운영하려는 B 씨가 영업허가를 받을 수 있는지 미리 확인하지도 않고 4억 원 이상을 투자해 점포를 빌리고 인테리어 공사까지 거의 마쳤다는 주장은 쉽게 믿기 어려울 뿐만 아니라, 영수증과 합의각서의 내용은 물론 작성명의인과 입회인의 기명조차 모두 제3자가 기재했다는 점은 매우 이례적이므로 합의각서 등에 날인된 A 씨의 인영이 A 씨의 의사에 따라 현출된 것인지에 관하여 상당한 의심을 품을 수밖에 없다며 합의각서 등에 대한 진정성립의 추정은 깨어졌다고 판단하였다. 따라서 B 씨는 합의각서 등을 근거로 A 씨에게 공사비 등을 청구할 수 없다.

한 걸음 더

작성명의인 이외의 사람에 의하여 날인행위가 이루어진 것이 밝혀진 경우

문서의 진정성립 추정은 날인행위가 작성명의인 이외의 사람에 의하여 이루어진 것이 밝혀진 경우에는 깨어지므로, 문서 제출자는 날인행위가 작성명의인에게서 위임받은 정당한 권원에 의한 것이라는 사실까지 증명해야 할 책임이 있다(대법원 2009. 9. 24. 선고 2009다37831 판결). 따라서 작성명의인 이외의 사람이 도장을 찍었더라도 정당한 대리권을 가진 사람에 의한 것이라는 사실을 증명한 경우에는 문서의 진정성립 추정이 유지되지만, 반대로 이를 증명하지 못하면 진정성립의 추정은 깨진다.

고속도로에서 미끄러져 정차한 화물차를 뒤따르던 승용차가 추돌한 경우 화물차 운전자에게 책임이 있을까?

대법원 2013. 5. 23. 선고 2013다5435 판결

사안 바라보기

고속도로나 자동차전용도로에서 앞서가던 차량이 사고로 주행차로에 정지해 있는 사이 뒤따라온 자동차가 추돌하여 사고가 발생한 경우, 앞서가던 차량의 운전자는 뒤따라오던 차량의 추돌로 발생한 손해에 대하여 책임이 있을까?

앞서가던 차량이 주행차로에 정지하게 된 데 운전자의 과실이 있다면 특별한 사정이 없는 한 뒤따라오던 차량의 추돌사고로 발생한 손해에 대하여 책임이 있다.

깊게 들여다보기

앞에 발생한 사고 차량을 피하려다가 얼어붙은 도로에 미끄러져 중앙분리대를 들이받고 정차했는데

A 씨는 야간에 화물차를 운전하여 고속도로를 주행하던 중 200m 전방에 교통사고가 발생하여 차량이 정차해 있는 것을 발견하고 화물차를 제동하였으나 얼어붙은 도로에 미끄러지면서 중앙분리대를 들이받고 1차로에 정차하였다. 그로부터 불과 10초가량 후에 뒤따라오던 B 씨의 승용차가 A 씨 화물차의 후미를 정면으로 강하게 추돌하면서 B 씨가 사망하는 사고가 발생했다.

관련 규정 돋보기

민법 제750조

고의 또는 과실로 인한 위법행위로 타인에게 손해를 가한 자는 그 손해를 배상할 책임이 있다.

앞서가던 차량의 운전자에게 사고로 주행차로에 정차하게 된 데 과실이 있다면?

고속도로나 자동차전용도로에서 사고 등으로 자동차를 운행할 수 없게 되었는데도 자동차를 안전한 장소로 이동시키거나 고장 자동차의 표지를 설치하는 등의 안전조치를 취하지 않은 채 주행차로에 정지해 있는 사이에 뒤따라온 자동차에 의한 추돌사고가 발생한 경우, 선행차량 운전자에게 선행사고를 유발하거나 사고 후 안전조치를 취하지 않은 과실이 있다면, '손해는 공평하게 분담한다'는 손해배상제도의 이념에 따라 그 과실은 특별한 사정이 없다면 후행 추돌사고로 인한 손해배상책임의 분담 범위를 정할 때 참작하여야 한다. 이 경우 앞서가던 차량의 운전자에게 사고로 멈춰 서게 된 데 과실이 있다면, 사고 후에 자동차를 안전한 장소로 이동시키거나 표지를 설치하는 등 안전조치를 취할 시간적 여유가 없었다거나 부상 등을 입어 그러한 조치를 기대하기 어려운 상황에 처해 있었다고 하더라도 마찬가지라는 것이 종래 대법원의 입장이다(대법원 2012. 3. 29. 선고 2011다110692 판결).

A 씨의 차량이 멈춰 서게 된 것은 조향 및 제동장치를 제대로 조작하지 못하여 중앙분리대를 들이받은 과실도 한 원인이다

대법원은 A 씨의 차량이 정차하게 된 것은 오로지 전방에 발생한 교통사고 때문이 아니라 A 씨가 조향 및 제동장치를 제대로 조작하지 못하여 중앙분리대를 들이받은 과실도 원인이 되었다며 A 씨의 과실과 사고 발생 및 손해의 발생·확대 사이에 인과관계가 있다고 보았다.

A 씨가 안전조치를 취할 시간적 여유가 없었고 다른 차는 추돌을 피해 갔는데도?

대법원은 A 씨가 안전조치를 취할 시간적 여유가 없었다거나 B 씨의 승용차 바로 앞에 가던 트럭은 A 씨의 화물차와 추돌을 피해 갔고, B 씨 승용차가 제동을 한 흔적이 보이지 않는다는 등의 사정이 있다고 하더라도 이러한 것들은 과실비율을 정할 때 참작할 사유가 될 뿐이므로 결국 B 씨의 과실과 A 씨의 과실 모두가 이 사건 사고와 손해의 발생 및 확대의 원인이 되었다고 하였다.

한 걸음 더

앞서가던 차량의 운전자에게 과실을 인정하지 않은 사례

택시 운전자 A 씨가 경부고속도로 3차로의 2차로를 따라 진행하다가 운전상 과실로 B 씨 승용차를 들이받는 1차 사고를 내어 그 충격으로 B 씨의 승용차가 1차로 위에 역방향으로 정차하였는데, 그 후 택시 운전자 C 씨가 같은 도로 1차로를 따라 진행하다가 B 씨의 승용차를 미처 발견하지 못하고 들이받아 그 충격으로 승용차에서 내려 중앙분리대 쪽에 서 있던 B 씨가 사망하는 2차 사고가 난 사안에서, 대법원은 B 씨의 승용차가 사고지점에 정차하게 된 것은 오로지 A 씨의 과실 때문이고, 1차 사고로 정차한 지 불과 22초 만에 뒤따라온 택시에 의하여 2차 사고를 당함으로써 B 씨가 1차 사고 후 안전조치를 취하거나 안전한 곳으로 대피할 시간적 여유가 없었다고 보아야 하므로 B 씨에게 2차 사고에 대하여 어떠한 과실을 인정할 수 없다고 판단하였다(대법원 2014. 3. 27. 선고 2013다215904 판결).

정리해고는
어떤 경우에 정당할까?

대법원 2013. 6. 13. 선고 2011다60193 판결

사안 바라보기

근로기준법에 따르면 사용자는 정당한 이유 없이 근로자를 해고할 수 없다. 그런데 근로자에게 책임 있는 사유가 없는데도 사용자가 회사가 어렵다는 이유로 근로자를 해고할 수 있을까?

사용자는 경영상의 이유로 근로자들을 해고할 수 있다. 근로기준법 제24조에서 정한 일정한 요건을 갖추어 근로자를 해고한 경우에는 해고에 정당한 이유가 있는 것으로 본다.

깊게 들여다보기

세계적인 불황에 회사가 경영상 위기라는 이유로 정리해고

자동차엔진 부품인 피스톤 등을 생산하는 A 회사가 경기불황으로 생산량 및 매출액이 급감하고 가격경쟁 또한 심화되어 심각한 유동성 부족으로 경영상 위기 상황에 처하게 되자, 근로자 51명의 정리해고를 계획하였고 그중 희망퇴직을 신청한 36명을 제외한 나머지 15명의 근로자에 대해 정리해고를 하였다. 이후 정리해고된 근로자들이 해고가 무효라는 것을 확인해 달라는 소송을 제기하였다.

관련 규정 돋보기

근로기준법

제23조(해고 등의 제한)

❶ 사용자는 근로자에게 정당한 이유 없이 해고, 휴직, 정직, 전직, 감봉, 그 밖의 징벌을 하지 못한다.

제24조(경영상 이유에 의한 해고의 제한)

❶ 사용자가 경영상 이유에 의하여 근로자를 해고하려면 긴박한 경영상의 필요가 있어야 한다.

이 경우 경영악화를 방지하기 위한 사업의 양도·인수·합병은 긴박한 경영상의 필요가 있는 것으로 본다.

② 제1항의 경우에 사용자는 해고를 피하기 위한 노력을 다하여야 하며, 합리적이고 공정한 해고의 기준을 정하고 이에 따라 그 대상자를 선정하여야 한다. 이 경우 남녀의 성을 이유로 차별하여서는 아니 된다.

⑤ 사용자가 제1항부터 제3항까지의 규정에 따른 요건을 갖추어 근로자를 해고한 경우에는 제23조 제1항에 따른 정당한 이유가 있는 해고를 한 것으로 본다.

정리해고를 하려면 어떤 요건을 갖추어야 할까?

사용자가 경영상의 이유로 근로자를 해고하려면 ① 긴박한 경영상의 필요, ② 해고를 피하기 위한 노력, ③ 합리적이고 공정한 해고 기준 마련과 대상자 선정, ④ 노동조합 또는 근로자대표와의 협의 등의 요건을 갖추어야 한다. 그리고 경영상 이유에 의한 해고가 각 요건들을 모두 갖추어 정당한지는 각 요건을 구성하는 개별 사정들을 종합적으로 고려하여 판단해야 한다는 것이 대법원의 입장이다.

첫 번째 요건인 '긴박한 경영상의 필요'는 반드시 기업의 도산을 회피하기 위한 경우에 한정되지 않고, 장래에 올 수도 있는 위기에 미리 대처하기 위하여 고용인원의 감축이 객관적으로 보아 합리성이 인정되는 경우도 포함된다. 그리고 긴박한 경영상의 필요가 있었는지는 정리해고를 할 당시의 사정을 기준으로 판단해야 한다.

두 번째 요건인 '해고를 회피하기 위한 노력을 다하여야 한다'는 것은 경영방침이나 작업방식의 합리화, 신규채용의 금지, 일시휴직 및 희망퇴직의 활용 및 전근 등 사용자가 해고범위를 최소화하기 위하여 가능한 모든 조치를 취하는 것을 의미하고, 그 방법과 정도는 확정적·고정적인 것이 아니라 사용자의 경영위기 정도, 정리해고를 실시해야 하는 경영상의 이유, 사업의 내용과 규모, 직급별 인원 상황 등에 따라 달라진다.

세 번째 요건인 '합리적이고 공정한 해고의 기준' 역시 확정적·고정적인 것은 아니고 사용자가 직면한 경영위기의 강도와 정리해고를 실시해야 하는 경영상의 이유, 정리해고를 실시한 사업 부문의 내용과 근로자의 구성, 정리해고 실시 당시의 사회경제상황 등에 따라 달라진다. 그리고 해고 대상자의 선별 기준은 대상 근로자들의 사정뿐 아니라 사용자 측의 경영상 이해관계와 관련된 사정도 객관적 합리성이 인정되는 한 함께 고려하여 정할 수 있다.

회사가 경영상 위기에 처한 상황에서 해고를 피하기 위해 상당한 노력을 하였다면

대법원은 정리해고 당시 자동차 업계가 전 세계적으로 전반적인 불황에 빠짐에 따라 자동차엔진 부품을 생산하는 A 회사도 생산량 및 매출액이 급감하는 등 경영상 위기에 처한 상황이라 그에 대처하기 위해서 인력조정을 하는 것은 합리성이 있었던 것으로 보인다면서, 다만 기업의 잉여 인력 중 적정한 인원이 몇 명인지는 상당한 합리성이 인정되는 한 경영판단의 문제에 속하므로 경영자의 판단을 존중해야 한다고 하였다.

또한 A 회사가 신규채용 억제, 고용유지훈련과 배치전환, 연월차휴가 사용, 임원 임금 삭감, 희망퇴직 실시, 노동조합과의 노사실무회의 개최 등 해고회피를 위해 상당한 노력을 하였고, 해고 대상자를 선정하는 과정에서도 노동조합과 협의를 시도하였으며, 근로자 측 고려요소와 사용자 측 고려요소를 함께 고려하는 등 해고 대상자 선정 기준이 불합리하거나 불공정했다고 보기 어렵다며 A 회사의 정리해고는 요건을 모두 갖춘 것으로 정당하다고 판단하였다.

한 걸음 더

정리해고의 요건을 갖추지 못하였다고 한 사례

A 신용협동조합이 상무로 근무하던 B 씨를 대기발령 및 정리해고를 한 사안에서, 대법원은 A 조합이 B 씨를 정리해고할 당시 상당한 정도의 당기 순이익이 발생하였고, 연체율이 꾸준히 개선되고 있었으며, 정리해고가 있기 직전 기준으로 전년도 대비 성장률이 23.03%로 재무상태개선권고를 받은 같은 지역에 있는 43개 조합 중 4번째로 높았던 사정에 비추어 B 씨를 정리해고해야 할 정도로 긴박한 경영상의 필요가 있었다고 보기 어렵고, B 씨를 정리해고한 다음 남은 직원들의 상여금과 체력단련비를 인상하고 이사장의 일비를 인상하였으며 신규로 여직원을 채용한 사정에 비추어 B 씨를 해고할 때 해고회피를 위한 노력을 다했다고 볼 수 없는 등 근로기준법상 경영상의 이유에 의한 해고의 요건을 갖추지 못하였다고 판단하였다(대법원 2009. 12. 24. 선고 2009다53949 판결).

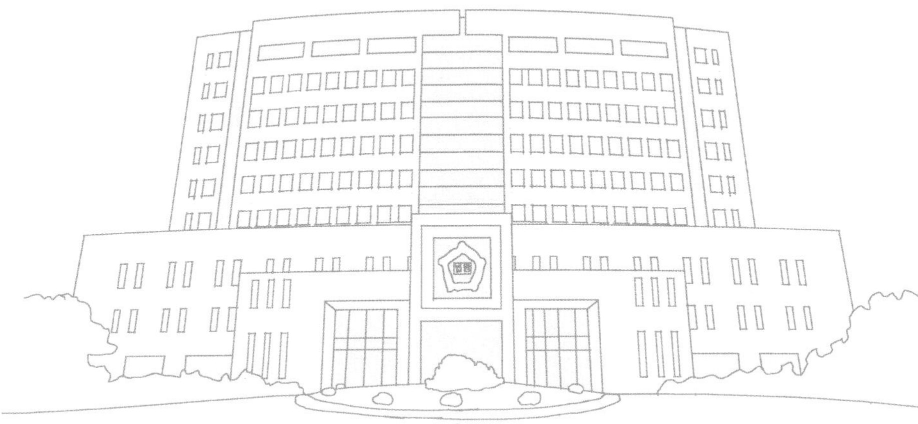

성형수술 시술법을 충분히 설명하지 않은 의사의 배상책임

대법원 2013. 6. 13. 선고 2012다94865 판결

사안 바라보기

성형외과에서 의뢰인이 성형수술을 하였는데 수술 결과에 불만을 가지게 되었다. 의뢰인은 성형외과 의사가 시술법에 관하여 충분히 설명하지 않았다며 의사를 상대로 배상책임을 묻고 있다. 성형외과 의사는 배상책임이 있을까?

성형외과 의사는 의뢰인이 원하는 구체적 결과를 실현시킬 수 있는 시술법을 신중히 선택하여 권유해야 하고 의뢰인에게 상세한 설명을 함으로써 의뢰인이 시술의 필요성이나 위험성을 충분히 비교해 보고 시술을 받을 것인지 선택할 수 있도록 할 의무가 있다. 이러한 설명의무를 다하지 않은 경우 성형외과 의사는 의뢰인에게 배상책임이 있다.

깊게 들여다보기

눈썹거상술에 관하여 설명한 다음 동의를 받고 시술

만 20세가 안 된 C 양은 S 성형외과에 찾아와 상담실장에게 '눈매교정을 통해 눈은 커지되 쌍꺼풀 라인을 좁게 줄여달라'고 요청하였고, 이어 S 성형외과 의사 H에게 '눈과 눈썹이 좁아서 화난 인상으로 느껴진다. 눈꼬리도 심하게 올라가 있다'고 호소하였다. H 의사는 일명 '눈썹거상술(눈썹 아래 피부 절개를 하는 상안검성형술)'에 관하여 설명한 다음 동의를 한 C 양에게 눈썹거상술을 시술하였다. 수술 결과에 불만족한 C 양은 눈썹거상술이 자신의 호소에 적합한 시술법이 아니었다며 H 의사가 설명의무를 충분히 이행하지 않은 것에 따른 배상을 구하는 소를 제기하였다.

미용성형수술을 담당하는 의사에게 의뢰인에 대한 설명의무가 있나?

미용성형수술행위도 의료행위이므로, 성형수술 과정에서 의사가 환자에게 침습(侵襲)을 가하는 경우 환자에 대한 설명의무가 있다.

미용성형수술을 하는 의사는 시술법에 대해 어느 정도까지 설명해야 하나?

미용성형수술을 의뢰받은 의사는 의뢰인의 외모에 대한 불만감과 의뢰인이 원하는 구체적 결과에 관하여 충분히 경청한 다음 전문적 지식에 입각하여 의뢰인이 원하는 구체적 결과를 실현시킬 수 있는 시술법 등을 신중히 선택하여 권유하여야 한다.

또한 시술의 필요성, 난이도, 시술 방법, 시술에 의하여 의뢰인의 외모가 어느 정도 변화하는지, 발생이 예상되는 위험, 부작용 등에 관하여 의뢰인의 성별, 연령, 직업, 미용성형 시술의 경험 여부 등을 참조하여 의뢰인이 충분히 이해할 수 있도록 상세한 설명을 함으로써 의뢰인이 시술의 필요성이나 위험성을 충분히 비교해 보고 시술을 받을 것인지를 선택할 수 있도록 해야 한다.

대법원은, 눈썹거상술은 눈꼬리가 올라가 있는 것을 개선하는 수술법은 아니고 쌍꺼풀 라인을 좁게 줄이는 데에는 효과가 없는 수술법이어서 C 양이 원하는 결과를 구현할 수 있는 시술법은 아니므로, H 의사로서는 이 점에 관하여 C 양에게 설명하였어야 하는데 H 의사가 C 양에게 눈썹거상술을 시행하면 눈이 커지는 효과가 있다는 설명을 하였을 뿐 이와 같은 내용을 알려 주지 않았으므로, H 의사는 C 양에게 설명의무를 다하였다고 할 수 없다고 판단하였다.

설명의무 위반으로 인한 손해배상의 범위는?

의사가 설명의무를 위반한 채 수술을 하여 의뢰인에게 예상치 못한 피해를 입힌 경우, 의뢰인은 선택의 기회를 잃고 자기결정권을 행사할 수 없게 된 것에 대한 위자료를 청구할 수 있다.

위자료만이 아니라 의뢰인에게 생긴 모든 손해의 배상을 청구하기 위해서는 의사의 설명의무 위반이 수술 과정에서 요구되는 의사의 주의의무 위반과 동일시할 수 있는 정도이어야 하고, 설명의무 위반과 의뢰인에게 발생한 결과 사이에 인과관계가 있어야 한다.

한 걸음 더

성형수술 결과에 불만을 품고 인터넷 포털사이트에 글을 남긴다면?

성형수술 결과에 대해 인터넷 포털사이트에 쓴 글에 '비방할 목적'이 있다고 인정되면 정보통신망 이용촉진 및 정보보호 등에 관한 법률 제70조 제1항에서 정한 명예훼손죄가 성립할 수도 있으니 글을 게시할 때는 주의해야 한다(대법원 2009. 5. 28. 선고 2008도8812 판결).

수술 후 이상 증상이 있을 때 의사의 책임은?

대법원 2013. 6. 27. 선고 2010다96010, 96027 판결

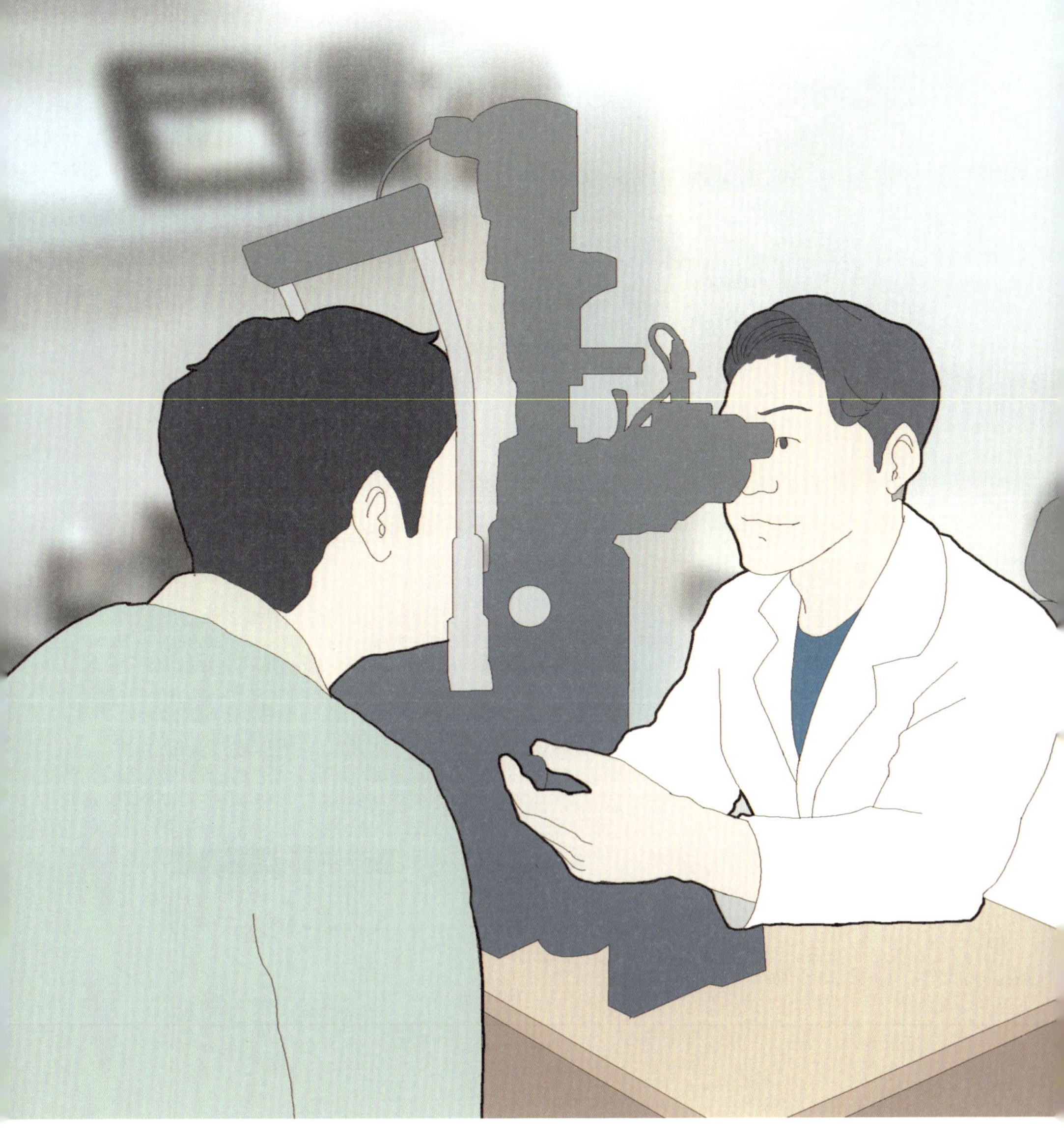

사안 바라보기

안과 의사인 A 씨는 B 씨에게서 오른쪽 눈 시력교정 수술을 의뢰받고, 수술 후 발생할 수 있는 안압 상승을 예방하기 위하여 안내(眼內)렌즈 삽입수술을 시행하였다. 그런데 B 씨가 수술 직후 불편을 호소하자 난시축 교정술을 시행하였고, 그 후에도 B 씨가 같은 증세를 호소함에 따라 황반부 정밀검사를 하였는데, 오른쪽 눈에 황반원공이 발견되어 삽입된 안내렌즈를 제거하였다. A 씨는 B 씨에게 의료행위상 불법행위를 이유로 손해를 배상할 책임이 있는가?

안내렌즈 삽입수술의 과실로 인한 손해배상책임을 인정하기는 어려우나, 설명의무 위반으로 인한 위자료 손해배상책임은 인정된다.

깊게 들여다보기

안과 의사의 '안내렌즈 삽입수술' 시행 및 '황반원공'의 발생

안과 의사인 A 씨는 B 씨에게서 오른쪽 눈 시력교정 수술을 의뢰받고, 수술 후 발생할 수 있는 안압 상승을 예방하기 위해 레이저 홍채 절제술을 시행한 다음 안구 후방(posterior chamber)에 렌즈(Toric ICL)를 삽입하는 안내렌즈 삽입수술을 시행하였다. 그런데 B 씨가 수술 직후 사물이 왜곡되고 찌그러져 보이는 등 불편을 호소하자, 삽입한 렌즈의 축을 돌리는 난시축 교정술을 시행하였다. 그 후에도 B 씨가 같은 증세를 호소함에 따라 황반부 정밀검사를 하였는데, B 씨의 오른쪽 눈에 황반원공이 발견되어 삽입된 안내렌즈를 제거하였다.

B 씨가 호소한 증상인 번쩍임(광시증), 도형이 찌그러진 모양으로 보임(변형시) 등은 망막 이상 특히 황반부에 발생 가능한 질환들(황반원공, 망막전막 등)이 있는 경우 나타날 수 있는 증상이다. 그리고 B 씨의 오른쪽 눈에

서 발견된 황반원공은 크기가 상당히 크고, 주변 테두리가 불규칙한 형태이다. 황반원공이 외상에 의하여 발생하는 경우 수일 내에 발생할 수 있고, 안내렌즈 삽입수술은 수술과 관련된 물리적 힘에 의해서 황반원공이 발생할 가능성이 있다.

안내렌즈 삽입수술 당시, 근시 환자에게서 안내렌즈 삽입수술 이후 발생한 황반원공에 관한 보고는 없었으나, 라식수술 이후 발생한 황반원공에 관한 논문 및 일반적인 백내장수술 이후 발생한 황반원공에 관한 논문은 있었다. 논문을 근거로 할 때 라식수술 후 황반원공 발생 시기는 1개월 뒤이고, 백내장수술 이후 황반원공 발생 시기는 2~8일인데, 안내렌즈 삽입수술이 백내장수술과 수술기법이 유사하다고 보면 안내렌즈 삽입수술 후 2~3일 뒤 황반원공이 발생할 가능성이 있다.

관련 규정 돋보기

민법 제750조(불법행위의 내용)
고의 또는 과실로 인한 위법행위로 타인에게 손해를 가한 자는 그 손해를 배상할 책임이 있다.

의사인 A 씨에게 수술상의 과실이 있는가?

대법원은, 황반원공은 나이가 든 환자에서 특발성으로 발생하는 경우가 많지만, 고도근시가 있는 사람에게서는 망막조직이 약화되어 별다른 외상이 없이도 황반원공, 망막박리 등의 합병증이 발생할 수 있는데, B 씨는 안내렌즈 삽입수술 전에 고도근시 및 난시가 있는 상태였던 점, 외부 충격에 의해 황반원공이 발생한 사례는 대체로 심한 정도의 충격이 있었던 점, 라식수술 또는 백내장수술 이후 발생한 황반원공에 관한 논문에는 황반원공이 수술상 과실로 볼 사정과 관련되어 있다는 언급은 없고, 라식수술 후 발생한 황반원공의 경우 황반원공의 발생 시기는 평균 12.1개월로서 수술과는 상당한 시간적 간격이 있는 점, 황반원공의 모양으로 황반원공의 발생 원인을 구별하기는 어려운 점 등 여러 사정들에 의하면, B 씨의 오른쪽 눈에서 발견된 황반원공의 크기가 상당히 크고 주변 테두리가 불규칙한 형태라고 하더라도, 황반원공의 크기 및 형태가 수술상 과실과 연관되어 있다는 아무런 자료가 없는 이상 황반원공의 크기 및 형태에 의하여 의료과실의 존재를 추정할 수는 없다.

그리고 안내렌즈 삽입수술은 안구의 앞부분을 절개하여 렌즈를 삽입하는 수술이므로, 수술과정에서 안구의 뒷부분에 있으면서 별다른 문제가 없던 망막에 황반원공을 만들 정도의 심한 충격을 준다고 생각하기는 어려울 뿐더러 매우 미세한 충격이 가해져 수정체와 유리체가 약간 앞으로 이동되면서 유리체 파동이 생겨 황반원공이 발생하였다면, 황반원공은 의료과실로 발생한 것이라기보다 안내렌즈 삽입수술상 불가피한 것으로 볼 여지가 많다고 판단하였다.

따라서 의사 A 씨에게 수술상 과실로 인한 손해배상책임을 인정하기는 어렵다.

의사에게 설명의무 위반이 있는가?

다만 대법원은, 의사의 설명의무는 의료행위에 따르는 후유증이나 부작용 등의 위험 발생 가능성이 희소하다는 사정만으로 면제될 수 없고, 후유증이나 부작용이 당해 치료행위에 전형적으로 발생하는 위험이거나 회복할 수 없는 중대한 것인 경우에는 발생 가능성의 희소성에도 불구하고 설명의 대상이 된다.

따라서 의사인 A 씨에게는 안내렌즈 삽입수술의 위험성으로 황반원공이 발생할 가능성을 B 씨에게 설명할 의무가 있음에도 이를 이행하지 아니하였고, B 씨의 황반원공은 안내렌즈 삽입수술로 인하여 발생하였다고 판단하였다.

의사 A 씨에게는 설명의무 위반으로 인한 위자료 손해배상책임이 있다.

한 걸음 더

파기환송 후 결과

당초 B 씨는 안과 의사인 A 씨를 상대로 1억 원의 손해배상을 청구하였는데, 제1심법원은 2,000만 원을 지급하라고 판결하였다. 이에 쌍방이 항소하였고, 파기환송 전 항소심은 A 씨의 수술상 과실을 인정하여 7,600여 만 원을 지급하라고 판결하였다. 그 후 대법원 파기환송 후의 항소심에서는 A 씨 및 B 씨가 법원의 화해권고결정을 받아들임으로써 사건이 종결되었다.

보험계약 체결 전에 발병한 질병에 대하여 보험금을 받을 수 있을까?

대법원 2013. 7. 26. 선고 2011다70794 판결

사안 바라보기

고객이 보험회사와 질병 의료비 보험계약을 체결하였는데 계약 체결 전에 이미 고객에게 질병이 발병한 상태였다. 보험계약 약관에는 '보험기간 중에 질병으로 입원하거나 통원하여 치료를 받은 경우 의료비를 보상해 준다'고 기재되어 있다. 고객이 보험계약을 체결한 후 치료를 받고 보험금을 받을 수 있을까?

보험약관이 '질병이 보험기간 중에 발생하였는지와 관계없이 피보험자가 질병으로 치료를 받은 경우 의료비 보상대상이 된다'는 것으로 해석된다면, 고객은 보험금을 받을 수 있다.

깊게 들여다보기

보험계약 체결 전에 발병하였으나 진단은 보험계약 체결 후에 받아

K 씨는 2009. 3. 30. H 보험회사와 보험계약을 체결하였다. 보험계약의 질병입원의료비담보 특별약관과 질병통원의료비담보 특별약관에는 "회사는 피보험자가 보험기간 중에 질병(다만 보험계약 청약일로부터 과거 5년 이내에 그 질병으로 진단 또는 치료를 받은 경우에는 제외)으로 입원하거나 통원하여 치료를 받는 경우 질병입원의료비 또는 질병통원의료비를 보상하여 드립니다."라고 규정되어 있다. 그런데 K 씨는 보험계약 체결 전인 2009. 3. 27. 회를 먹은 후 복통과 설사 증상이 나타나 내과에 갔다가 '상세불명의 위장염 및 대장염, 위십이지장염' 진단을 받았고, 보험계약 체결 후인 2009. 3. 31. 다른 내과에서 '대장암의증' 진단을 받았으며, 2009. 4. 12. 대학교병원에서 조직검사를 하고 '위장관기질 종양' 진단을 받았다. 그 후 K 씨는 H 보험회사에 대장암의증 내지 위장관기질 종양의 치료 등을 이유로 보험금 지급을 청

구하였으나 H 보험회사는 보험계약 체결 전에 이미 질병이 발병하였다는 이유로 보험금 지급을 거절하였다.

관련 규정 돋보기

상법 제644조(보험사고의 객관적 확정의 효과)

보험계약 당시에 보험사고가 이미 발생하였거나 또는 발생할 수 없는 것인 때에는 그 계약은 무효로 한다. 그러나 당사자 쌍방과 피보험자가 이를 알지 못한 때에는 그러하지 아니하다.

약관의 규제에 관한 법률 제5조(약관의 해석)

❷ 약관의 뜻이 명백하지 아니한 경우에는 고객에게 유리하게 해석되어야 한다.

보험사고가 이미 발생하여 보험계약이 무효인지

보험계약이 체결되기 전에 보험사고가 이미 발생한 경우 보험계약의 당사자 쌍방 및 피보험자가 이를 알지 못한 경우를 제외하고 보험계약은 무효이다.

이 사건에서 보험계약은 단순히 '질병의 발병' 자체를 보험사고로 하는 것이 아니라, '질병으로 입원 또는 통원하여 치료를 받는 것'을 보험사고로 하는데, K 씨는 보험계약 체결 전에 대장암의증 내지 위장관기질 종양에 관하여 치료를 받지는 않았으므로, 보험계약 당시에 보험사고가 이미 발생한 경우에 해당하지 아니한다.

보험기간 개시 전에 발병한 질병도 보상대상인지

K 씨는 보험기간이 개시되기 전에 이미 대장암의증 내지 위장관기질 종양이 발병하였는데, 이와 같은 경우에도 보상대상인지는 보험약관에서 정한 내용에 따라 결정된다. 그러나 이 사건 보험계약의 약관은 이에 관하여 명시적인 조항을 두고 있지 않다.

약관을 해석하는 방법

보험약관은 '신의성실의 원칙'에 따라 약관의 목적과 취지를 고려하여 공정하고 합리적으로 해석하여야 하고, 개개의 계약 당사자가 기도한 목적이나 의사가 아니라 평균적 고객의 이해 가능성을 기준으로 보험단체 전체의 이해관계를 고려하여 객관적 · 획일적으로 해석하여야 한다.

위와 같은 해석을 거친 후에도 약관 조항이 다의적으로 해석될 수 있고 각각의 해석에 합리성이 있는 등 약관의 뜻이 명확하지 않은 경우에는 고객에게 유리하게 해석하여야 한다(작성자 불이익의 원칙).

'보험기간 중'에 질병이 발생하였는지와 관계없이 치료를 받은 경우에는 보상대상이 된다

대법원은 입원 또는 통원 치료의 원인이 되는 질병이 보험기간 중에 발생하였는지와 관계없이 피보험자가 그 질병으로 입원 또는 통원 치료를 받은 경우에는, 보험계약 청약일로부터 과거 5년 이내에 그 질병으로 진단 또는 치료를 받은 경우를 제외하고는 질병입원의료비 또는 질병통원의료비의 보상대상이 된다고 보는 것이 합리적이고 보험약관의 취지에도 부합한다고 판단하였다.

한 걸음 더

이 판결의 의미

이 판결은 다의적으로 해석될 수 있는 약관 조항을 고객에게 유리하게 해석한 사례로 평가할 수 있다.

보험계약 체결 전 발병한 질병에 대해 보험회사에 고지하는 것도 중요

보험계약 당시에 보험계약자 또는 피보험자가 보험계약 체결 전에 발병한 질병에 대해 고지하지 않은 경우 계약이 해지될 수도 있음을 주의해야 한다(상법 제651조 참조).

학교에서 집단 괴롭힘을 당하던 학생이 자살한 경우 학교 측에 책임이 있을까?

대법원 2013. 7. 26. 선고 2013다203215 판결

사안 바라보기

학교에서 같은 반 학생들에게 괴롭힘을 당하던 한 고등학생이 집에서 자살하였다. 학생의 부모는 담임교사가 보호감독을 소홀히 하였으므로 교사의 사용자인 지방자치단체가 학생의 자살에 대한 책임이 있다고 주장하였다. 과연 지방자치단체에 배상책임을 물을 수 있을까?

사회통념상 허용될 수 없을 정도로 심한 집단 괴롭힘이 계속되어 학생이 육체적 또는 정신적으로 궁지에 몰린 상황에 있었음을 담임교사가 예견하거나 예견할 수 있는 경우, 자살에 이른 상황에 대한 예견 가능성이 인정되어 담임교사는 보호감독의무 위반의 책임을 진다. 그러나 집단 괴롭힘의 내용이 이에 이르지 않은 경우에는 '자살의 결과'에 대한 보호감독의무 위반의 책임을 부담하지 않는다.

깊게 들여다보기

집단 괴롭힘을 당하던 학생이 자살하다

A 지방자치단체가 설치·운영하는 고등학교에 재학 중인 K 군은 여자처럼 가는 목소리로 말하고 담요를 치마처럼 두르거나, 눈썹을 그리는 등 약간의 화장품을 바르기도 하였다. 학교에서는 K 군이 중학교 시절 남학생에게 좋아한다고 고백하였다가 거절당하였다는 소문이 돌았다. 같은 반 학생들 중 일부는 여성스러운 행동을 하는 K 군을 놀리고 욕설 등을 하였다. K 군은 담임선생님인 C 교사와 여러 차례 상담을 하였고 C 교사는 학생들에게 주의를 주고 K 군의 어머니와도 상담을 하였다. 그러던 중 K 군은 가출하여 다음 날 등교하지 않고 방황하다가 22:00경 자신의 집 지하실에서 자살하였다. K 군의 부모는 C 선생님이 K 군에 대한 보호감독의무를 다하지 않은 책임이 있

고 A 지방자치단체는 C 선생님의 사용자로서 책임을 져야 한다며 A 지방자치단체를 상대로 손해배상을 구하는 소를 제기하였다.

집단 괴롭힘으로 학생이 자살한 경우, 교사의 책임을 묻기 위한 요건

집단 괴롭힘이란 학교 또는 학급 등 집단에서 복수의 학생들이 한 명 또는 소수의 학생들을 대상으로 의도와 적극성을 가지고, 지속적이면서도 반복적으로 관계에서 소외시키거나 괴롭히는 현상을 의미한다.

일반적으로 교사는 사고가 학교생활에서 통상 발생할 수 있다는 것이 예측되거나 또는 예측 가능성(사고발생의 구체적 위험성)이 있는 경우에 한하여 보호감독의무 위반 책임이 있다.

마찬가지로 집단 괴롭힘으로 학생이 자살한 경우, 자살의 결과에 대해 교사의 보호감독의무 위반 책임을 묻기 위해서는 학생이 자살에 이른 상황을 객관적으로 보아 교사가 예견하거나 예견할 수 있었음이 인정되어야 한다.

교사가 자살에 대하여 예견이 가능했는지 판단하는 기준은?

사회통념상 허용될 수 없는 악질, 중대한 집단 괴롭힘이 계속되고 그 결과 학생이 육체적 또는 정신적으로 궁지에 몰린 상황에 있었음을 예견하거나 예견할 수 있었던 경우에는 학생이 자살에 이른 상황에 대한 예견 가능성이 있는 것으로 볼 수 있다.

그러나 집단 괴롭힘의 내용이 이와 같은 정도에까지 이르지 않은 경우에는 교사가 집단 괴롭힘을 예견하거나 예견할 수 있었다고 하더라도 이것만으로 학생의 자살에 대한 예견이 가능하였던 것으로 볼 수 없다.

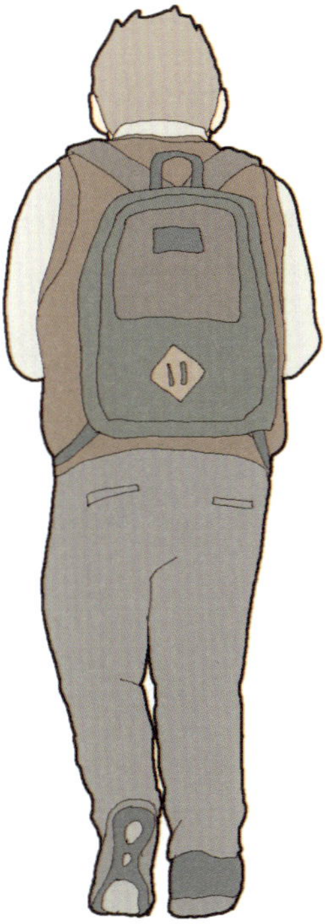

자살에 대한 예견 가능성이 있었다고 인정하기 어렵다

대법원은, 반 학생들의 조롱, 비난, 장난, 소외 등이 아주 빈번하지는 않았던 것으로 보이고, 폭력적인 방법이 아닌 조롱, 비난 등에 의한 것이 주된 것이었던 점 등에 비추어 이를 사회통념상 허용될 수 없는 악질, 중대한 집단 괴롭힘에 이를 정도라고는 보기 어렵고, 사고 무렵에 자살을 예상할 만한 특이한 행동을 한 적이 없어, 사고 발생 당시 C 교사에게 K 군의 자살에 대한 예견 가능성이 있었다고 인정하기는 어렵다고 판단하였다. 결국, '집단 괴롭힘 자체'에 대한 보호감독의무 위반의 책임을 부담하는 것은 별론으로 하고 '자살의 결과'에 대한 보호감독의무 위반의 책임은 인정하지 않았다.

한 걸음 더

학교가 소속된 지방자체단체의 배상책임을 인정한 사례

초등학교 6학년 학생이 같은 반 학생들에게 이유 없이 폭행 등의 괴롭힘을 당한 결과 충격 후 스트레스 장애 등에 시달리다가 자살하였는데, 폭행 등이 대부분 학교 안에서 휴식 시간에 이루어졌고 수개월에 걸쳐 지속된 사안에서, 담임교사가 보호감독의무를 해태한 것으로 보아 학교가 소속된 지방자치단체의 배상책임을 인정하였다(대법원 2007. 4. 26. 선고 2005다24318 판결).

호의동승한 차량의 운전자 과실을 피해자 측 과실로 참작할 수 있을까?

대법원 2013. 11. 28. 선고 2013다45938 판결

사안 바라보기

K 씨는 퇴근 후 귀가를 위하여 같은 회사 직원인 A 씨의 승용차에 편승하였다. A 씨가 운전하는 승용차는 국도를 진행하다가 우회전하여 위 국도에 진입한 B 씨가 운전하던 트랙터 차량의 후면부에 충돌한 후 중앙선을 넘어 반대차선에 정차하였고, 약 5분 후 반대차선에서 마주 오던 C 씨가 운전하는 차량이 재차 충돌하여 K 씨는 골절 등의 상해를 입게 되었다.
K 씨가 제기한 손해배상청구소송에서 동승한 차량의 운전자인 A 씨의 과실을 참작하여 손해배상액을 감액할 수 있을까?

K 씨는 단순한 동승자에 불과하여 A 씨의 과실을 K 씨의 과실로 참작하여 손해배상액을 감액할 수는 없다.

깊게 들여다보기

퇴근길에 같은 회사 직원 차에 동승 후 사고

K 씨는 같은 회사 직원인 A 씨의 차량을 이용하여 함께 출퇴근하는 경우가 종종 있었는데, 사고 당일에도 퇴근 후 귀가를 위하여 A 씨의 차량에 편승하였다. 한편 B 씨는 트랙터 차량(이하 '가해차량'이라 한다)을 운전하여 경주시 천북면 모아리 방면에서 경주 방면으로 우회전하게 되었다. 그런데 그곳은 포항 방면에서 경주 방면으로 가는 직선 편도 2차로와 모아리 방면에서 경주 방면으로 나가는 우회전 진입차로가 만나는 곳이었다. 그런데도 B 씨는 전방 좌우를 잘 살피지 않고 가해차량을 운전하여 우회전하여 직선 편도 2차로 중 1차로에 그대로 진입해 진행하였고, 그 결과 직선 편도 2차로 중 1차로를 진행하던 A 씨가 운전하는 승용차(이하 '피해차량'이라 한다)의 전면부가 가해차량의 후면부에 충돌하였다. 이로 인하여 피해차량은 중앙선을 넘어

반대차선에 정차하게 되었고, 약 5분 후에는 반대차선에서 마주 오던 C 씨가 운전하는 차량이 피해차량의 좌 측면부와 후면부를 충돌하였다. 위 교통사고로 K 씨는 골절 등의 상해를 입게 되었다.

운전자의 과실 = 동승자의 과실?

위 교통사고는 B 씨의 과실로 발생하였으므로 가해차량의 공제사업자는 K 씨가 입은 손해를 배상할 책임을 진다. 한편 당시 사고의 경위, 가해차량과 피해차량의 충격 부위와 정도 등을 종합하면, 피해차량을 운행하면서 진행방향의 전방 좌우를 잘 살피지 못한 A 씨의 과실 역시 사고의 발생과 확대에 기여한 측면이 있다.

호의동승한 사실만으로 동승한 차량의 운전자 과실을 피해자 측 과실로 참작할 수는 없다

피해자가 동승한 차량이 아닌 다른 가해차량의 운전자 내지 운행자에 대하여 손해배상을 청구하는 경우에, 피해자가 동승한 차량의 실질적인 운행자에 해당하거나 운전자 내지 운행자와 신분상 또는 생활관계상 일체를 이루는 관계에 있다고 인정되는 경우가 아니라면, 호의동승한 사실만으로 곧 동승한 차량의 운전자 과실을 피해자 측 과실로 참작하여 손해배상액을 감액할 수 없다. 어느 경우에 신분상 내지 사회생활상 일체를 이루는 관계라고 할 것인지는 구체적인 사정을 검토하여 피해자 측의 과실로 참작하는 것이 공평의 관념에서 타당한지에 따라 판단하여야 한다.

대법원은, 사고 당시 A 씨와 K 씨는 같은 회사에서 근무하고 있었으나, 두 사람은 생활주거지를 달리하고, 서로 아무런 친인척 관계도 없었으며, K 씨는 단지 퇴근 후 귀가하기 위하여 피해차량에 동승하였다가 사고를 당한 것 뿐이었다. 그렇다면 K 씨는 자신의 거주지에서 가족과 생활하면서 독립된 경제주체로 활동하고 있었고, 퇴근 목적 등으로 피해차량에 탑승하였을 뿐이어서, 사고 당시 K 씨가 피해차량의 실질적 운행자였다거나, A 씨와 신분상 내지 사회생활상 일체를 이루는 관계에 있었다고 할 수 없으므로, A 씨의 과실을 K 씨 측의 과실로 참작하여 손해배상액을 감액할 수는 없다고 판단하였다.

한 걸음 더

운전자의 과실을 피해자 측 과실로 참작한 사례

- 누나가 남동생이 운전하는 차량에 동승하였다가 교통사고로 사망한 사안에서, 남동생의 과실을 피해자 측의 과실로 참작하였다(대법원 1996. 10. 11. 선고 96다27384 판결).
- 미성년자인 A 군이 부모의 이혼 후 친권자로 지정된 어머니와 함께 살고 있었으나 부모가 재결합을 위해 왕래가 있었던 상황에서 어머니와 함께 아버지 B 씨가 운전하는 차에 타고 가다가 교통사고를 당한 사안에서, A 군과 B 씨를 신분상 내지 사회생활상 일체를 이루는 관계로 보아 B 씨의 과실을 A 군의 과실로 참작하였다(대법원 1999. 7. 23. 선고 98다31868 판결).

사실혼 배우자의 빚을 갚아준 경우 돈을 돌려받을 수 있을까?

대법원 2013. 11. 28. 선고 2013다66249 판결

사안 바라보기

사실혼 관계에 있는 일방이 상대방의 빚을 갚아준 경우 일방은 상대방에게서 돈을 돌려받을 수 있을까?

빚을 갚아준 사실만으로는 사실혼 부부 사이에 금전소비대차(대여) 계약이 성립한 것으로 보기 어려워, 일방은 돈을 돌려받을 수 없다.

깊게 들여다보기

사실혼 관계에 있던 배우자의 채무를 대신 갚아 주다

L 녀와 S 남은 약 2년 가까이 같은 아파트에서 동거를 하면서 사실혼 관계를 유지하였다. L 녀는 사실혼이 시작된 지 얼마 지나지 않아 S 남의 K 씨에 대한 채무 2,500만 원을 S 남이 알려준 K 씨의 계좌로 송금하여 S 남의 채무를 갚아 주었다. 사실혼 파탄 후 L 녀는 S 남이 돈을 차용하였다며 갚을 의무가 있다고 주장한 반면, S 남은 L 녀가 자신에게 증여한 것이라고 주장하였다.

관련 규정 돋보기

민법 제598조(소비대차의 의의)

소비대차는 당사자 일방이 금전 기타 대체물의 소유권을 상대방에게 이전할 것을 약정하고 상대방은 그와 같은 종류, 품질 및 수량으로 반환할 것을 약정함으로써 그 효력이 생긴다.

사실혼이란?

사회생활상 부부공동생활을 영위하고 있지만 혼인신고를 하지 않은 남녀 관계를 사실혼이라고 한다. 즉 사실혼이 성립하기 위해서는 주관적으로 사실상의 혼인의사의 합치가 있어야 하고 객관적으로 당사자 사이에 사회관념상 부부공동생활이라고 인정할 만한 사회적 실체가 상당기간 계속되거나 지속이 예정되어 있어야 한다. L 녀와 S 남이 2009. 9. 초순경부터 2011. 11.경까지 결혼을 전제로 동거한 것은 사실혼 관계를 유지한 것으로 볼 수 있다.

사실혼 관계에서 배우자의 빚을 갚아준 것을 배우자에게 돈을 대여한 것으로 볼 수 있나?

L 녀가 S 남의 K 씨에 대한 채무를 변제해 준 경우, 이는 L 녀가 S 남에게 돈을 빌려준 것일 수도 있고 증여한 것일 수도 있다. L 녀가 S 남에게 돈을 빌려준 것으로 인정되기 위해서는 L 녀와 S 남 사이에 금전소비대차(대여) 계약이 체결되었어야 한다.

대법원은 L 녀와 S 남 사이에 명시적인 소비대차약정을 체결하거나, L 녀가 S 남에게 차용증 등의 작성을 요구한 사실이 없었다는 점 등에 비추어 보면, L 녀가 K 씨에게 2,500만 원을 송금한 사실만으로는 L 녀가 S 남에게 금원을 대여한 것이라고 보기 어렵다고 판단하였다.

한 걸음 더

사실혼 부부 일방이 일상가사를 위해 돈을 빌린 경우는 부부의 연대책임

사실혼 부부도 법률혼 부부와 마찬가지로 일상가사(부부가 공동생활을 영위하는 데 필요한 통상의 사무)에 관하여 제3자와 법률행위를 한 경우 다른 일방은 연대책임(민법 제832조 참조)을 진다. 사실혼 부부 중 일방이 일상가사를 위해 다른 사람에게서 돈을 빌린 경우 다른 일방도 차용금을 변제할 책임이 있다.

해고무효판결 후에도 복직시키지 않으면 손해배상책임을 질까?

대법원 2014. 1. 16. 선고 2013다69385 판결

사안 바라보기

원고는 A 회사(피고)에서 근무하다가 해고되었다. 원고는 소송을 제기하였고, 법원에서 '해고는 무효임을 확인한다. 해고일부터 복직시킬 때까지의 임금을 지급하라'는 판결을 선고받아 확정되었다. 그런데 확정판결 이후에도 A 회사는 원고를 복직시키지 아니하였고, 그 사이에 임금은 인상되고 원고는 정년에 도달하였다. 이처럼 해고무효확인 및 임금청구 소송에서 승소확정된 이후에도 사용자가 복직의무를 장기간 이행하지 않는 중에 임금 상승 사유가 발생한 경우, 해고근로자는 실제로 지급받을 수 있었던 임금과 해고무효확인 등 판결에서 정한 임금의 차액에 대하여, 근로계약에 기한 임금 상승분 청구만 가능한가, 아니면 손해배상청구도 가능한가?

A 회사의 경우처럼 해고무효확인 등 판결이 확정된 이후에도 근로자를 복직시키지 않는 경우, 해고근로자는 근로계약에 기한 임금 상승분 청구권과 관계없이, 임금 상승분에 관하여 복직의무 불이행(채무불이행)으로 인한 손해배상청구가 가능하다.

깊게 들여다보기

해고무효확인 및 임금지급을 명하는 판결이 확정된 이후에도 복직시키지 않아

원고는 A 회사(피고)의 마케팅 부장으로 근무하다가 해고되었다. 원고는 A 회사를 상대로 해고무효확인과 임금지급을 구하는 소송을 제기하였고, 법원에서 'A 회사가 원고에 대하여 한 해고는 무효임을 확인한다. A 회사는 원고에게 해고일부터 복직시킬 때까지의 임금을 지급하라'는 판결을 선고받아 확정되었다. 그런데 확정판결 이후에도 A 회사는 원고를 복직시키지 아니

하였고, 그러한 사이에 임금은 인상되고 원고는 정년에 도달하였다. 이에 원고는 A 회사를 상대로 실제로 지급받을 수 있었던 임금과 해고무효확인 등 판결에서 정한 임금의 차액에 대하여, 주위적으로는 복직의무 불이행의 채무불이행에 기하여, 예비적으로는 복직 거부의 불법행위에 기하여 원고가 입은 손해의 배상을 청구하였다.

관련 규정 돋보기

민법

제390조(채무불이행과 손해배상)

채무자가 채무의 내용에 좇은 이행을 하지 아니한 때에는 채권자는 손해배상을 청구할 수 있다. 그러나 채무자의 고의나 과실 없이 이행할 수 없게 된 때에는 그러하지 아니하다.

제750조(불법행위의 내용)

고의 또는 과실로 인한 위법행위로 타인에게 손해를 가한 자는 그 손해를 배상할 책임이 있다.

근로계약에 기한 임금 상승분 청구권과 관계없이 복직의무 불이행으로 인한 손해배상청구가 가능하다

대법원은, 해고무효확인 및 임금청구 확정판결 후 사용자가 복직의무를 불이행하여 근로자가 임금 상승분을 지급받지 못하게 된 경우, 근로계약에 기한 임금 상승분 청구권을 가지는지 여부와 관계없이, 임금 상승분에 관하여 복직의무의 불이행(채무불이행)으로 인한 손해배상청구가 가능하다고 판단하였다.

한 걸음 더

이 판결의 의미

이 판결과 유사한 취지의 판결로는, 대법원 2011. 3. 10. 선고 2010다13282 판결(위장폐업의 방법으로 근로자를 부당 해고한 경우, 근로계약에 따른 해고기간 중의 임금지급청구와 불법행위를 이유로 한 임금 상당의 손해배상청구는 서로 별개이다), 대법원 2013. 9. 13. 선고 2013다45457 판결(부당이득반환청구와 불법행위로 인한 손해배상청구는 서로 별개이다) 등이 있었다. 이번 판결은 앞에 언급한 판결들의 취지를 해고무효확인 및 임금청구 확정판결 후 사용자가 근로계약상의 복직의무를 이행하지 아니한 것이 채무불이행(또는 불법행위)을 구성하는 경우에 확대·적용한 첫 대법원판결이다.

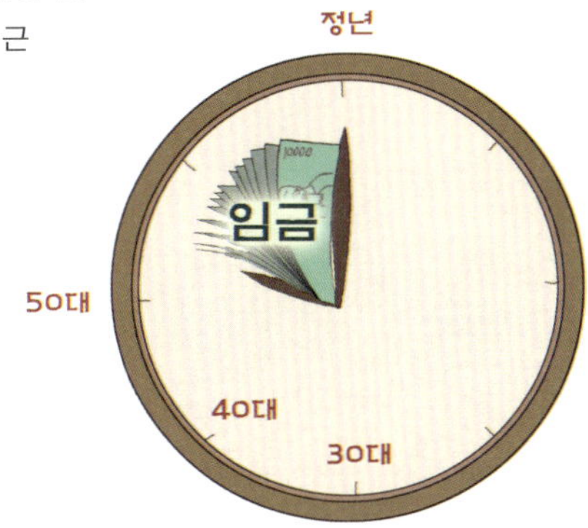

제 2 부

부당해고로 근무하지 못한 근로자도 연차휴가수당을 받을 수 있을까?

대법원 2014. 3. 13. 선고 2011다95519 판결

사안 바라보기

원고들은 경영상의 이유로 해고된 근로자들인데, 부당해고 구제신청을 통하여 복직하였다. 원고들은 해고기간 동안의 '연차휴가수당' 등의 지급을 요구하면서 소송을 제기하였다. 피고는 부당해고로 근무하지 못한 원고들에게 근로를 전제로 하는 연차휴가수당을 지급해야 하는가?

사용자의 부당해고로 근로자가 출근하지 못한 기간은 근로자에 대하여 불리하게 고려할 수 없으므로, 피고는 원고들이 부당해고로 지급받지 못한 연차휴가수당을 지급할 의무가 있다.

깊게 들여다보기

부당해고기간 중의 '연차휴가수당' 지급 청구

원고들은 피고가 운영하는 식물원에서 근무하다가 경영상의 이유로 해고된 근로자들이다. 원고들이 부당해고 구제신청을 하여 복직 및 해고기간 동안의 임금 상당액을 지급하도록 하는 내용의 구제명령이 확정되자, 피고는 원고들을 복직시켰다. 원고들은 해고기간 동안의 '임금'은 지급받았는데 해고기간 중의 '연차휴가수당' 등을 지급받지 못하자, 이 부분의 추가 지급을 요구하면서 소송을 제기하였다.

관련 규정 돋보기

민법 제538조(채권자귀책사유로 인한 이행불능)

① 쌍무계약의 당사자 일방의 채무가 채권자의 책임 있는 사유로 이행할 수 없게 된 때에는 채무자는 상대방의 이행을 청구할 수 있다.

근로기준법

제23조(해고 등의 제한)

❶ 사용자는 근로자에게 정당한 이유 없이 해고, 휴직, 정직, 전직, 감봉, 그 밖의 징벌(懲罰)을 하지 못한다.

제60조(연차 유급휴가)

❶ 사용자는 1년간 80퍼센트 이상 출근한 근로자에게 15일의 유급휴가를 주어야 한다.

❼ 제1항부터 제4항까지의 규정에 따른 휴가는 1년간 행사하지 아니하면 소멸된다. 다만 사용자의 귀책사유로 사용하지 못한 경우에는 그러하지 아니하다.

근로자는 부당해고기간 중에 받을 수 있었던 임금을 모두 지급받을 수 있다

사용자가 근로자를 해고한 경우 해고에 정당한 이유가 없어 무효이거나 그 밖의 다른 사유로 말미암아 해고가 취소된 때에는, 근로자는 부당해고기간 동안에 정상적으로 일을 계속하였더라면 받을 수 있었던 임금을 모두 지급받을 수 있다. 해고근로자가 해고기간 동안 근무를 하지 않았더라도 해고가 무효이거나 취소된 이상 그동안 사용자와의 근로관계는 계속되고 있는 것이고, 근로자가 해고기간 동안 근무를 하지 못한 것은 근로자를 부당하게 해고한 사용자에게 책임 있는 사유로 인한 것이기 때문이다.

연차유급휴가는 1년간의 근로에 대한 대가이고 연차휴가수당은 '임금'에 해당한다

연차유급휴가에 관한 근로기준법 제60조 제1항이 "사용자는 1년간 8할 이상 출근한 근로자에게 15일의 유급휴가를 주어야 한다."라고 규정하고 있는 것은 근로자에게 일정기간 근로의무를 면제함으로써 정신적·육체적 휴양의 기회를 제공하고 문화적 생활의 향상을 기하려는 데 취지가 있다. 이러한 연차유급휴가는 근로자가 사용자에게 근로를 제공하는 관계에 있다는 사정만으로 당연히 보장받을 수 있는 것이 아니라, 1년간 8할 이상 출근하였을 때 비로소 부여받을 수 있는 것이므로, 다른 특별한 정함이 없는 이상 이는 1년간의 근로에 대한 대가이고, 근로자가 연차유급휴가를 사용하지 못하게 됨에 따라 사용자에게 청구할 수 있는 연차휴가수당은 임금이다.

사용자는 부당해고기간 중의 연차휴가수당을 지급할 의무가 있다

대법원은, 근로자가 부당해고로 지급받지 못한 임금이 연차휴가수당인 경우에도, 해당 근로자의 연간 소정근로일수와 출근율을 고려하여 근로기준법 제60조 제1항의 요건을 충족하면 연차유급휴가가 부여될 것을 전제로 연차휴가수당을 지급하여야 하고, 이를 산정하기 위한 연간 소정근로일수와 출근율을 계산할 때 사용자의 부당해고로 근로자가 출근하지 못한 기간은 근로자에게 불리하게 고려할 수 없으므로, 그 기간은 연간 소정근로일수 및 출근일수에 모두 산입되며, 설령 부당해고기간이 연간 총근로일수 전부를 차지하고 있는 경우에도 달리 볼 것이 아니라고 판단하였다.

한 걸음 더

이 판결의 의미

부당해고기간 중 근로자가 받을 수 있었던 '임금' 전부를 지급하여야 한다는 대법원의 기존 법리를 재확인함과 아울러, 종전에 대법원이 부당해고기간 중에 발생한 '연장근로수당', '휴일근로수당', '야간근로수당'에 대해서는 지급의무가 있다고 판시한 바 있는데, 이번에 새로이 '연차휴가수당'의 경우에도 근로자가 부당해고기간 중에 받을 수 있었던 임금에 해당하는 이상 사용자에게 지급의무가 있음을 명시적으로 밝힌 최초의 판결이다.

교통사고 당시 안전띠 미착용을 이유로 보험금을 공제할 수 있을까?

대법원 2014. 9. 4. 선고 2012다204808 판결

사안 바라보기

P 씨가 H 보험회사와 체결한 개인용자동차종합보험계약의 자기신체사고특약에는 사고 당시 피보험자가 안전띠를 착용하지 아니한 경우에는 보험금을 일부 공제한다는 취지의 약관조항이 포함되어 있다. 그 약관조항은 효력이 있을까?

P 씨가 안전띠를 착용하지 않은 것이 보험사고의 발생원인으로서 고의에 의한 것이라고 평가할 수 없다면, 위 약관조항은 무효이다.

깊게 들여다보기

안전띠 미착용 감액조항이 포함된 자기신체사고특약 체결

P 씨는 H 보험회사와 자동차종합보험계약을 체결하면서 피보험자인 P 씨가 피보험자동차를 소유, 사용, 관리하는 동안 생긴 피보험자동차의 사고로 죽거나 다친 때에는 그로 인한 손해를 보상하는 것을 내용으로 하는 자기신체사고특약을 함께 체결하였다. 한편 보험약관에는 "피보험자가 사고 당시 안전띠를 착용하지 아니한 경우에는 자기신체사고보상액에서 운전석 또는 그 옆좌석은 20%, 뒷좌석은 10%에 상당하는 금액을 공제한다."라고 규정한 안전띠 미착용 감액조항이 포함되어 있다.

P 씨는 혈중알코올농도 0.191%의 술에 취한 상태에서 안전띠를 착용하지 않은 채 승용차를 운전하여 가다가 도로 오른쪽 옹벽과 중앙선 가드레일을 들이받고 2차로에 정차해있던 중 뒤따라오던 승용차에 의하여 추돌당하여 그 충격으로 두개골 함몰 골절 등의 상해를 입게 되었다.

P 씨의 자기신체사고 보험금지급청구에 대하여 H 보험회사는 P 씨가 사고 당시 안전띠를 착용하지 않았음을 이유로 위 약관조항에 따른 공제를 할 수 있을까?

관련 규정 돋보기

상법

제739조(준용규정)

상해보험에 관하여는 제732조를 제외하고 생명보험에 관한 규정을 준용한다.

제732조의2(중과실로 인한 보험사고 등)

① 사망을 보험사고로 한 보험계약에서는 사고가 보험계약자 또는 피보험자나 보험수익자의 중대한 과실로 인하여 발생한 경우에도 보험자는 보험금을 지급할 책임을 면하지 못한다.

제663조(보험계약자 등의 불이익변경금지)

이 편의 규정은 당사자 간의 특약으로 보험계약자 또는 피보험자나 보험수익자의 불이익으로 변경하지 못한다.

인보험에서는 보험계약자 등의 중대한 과실로 인한 보험사고라도 보험자는 보험금을 지급하여야 한다

보험사고가 보험계약자 또는 피보험자나 보험수익자의 고의 또는 중대한 과실로 인하여 생긴 때에는 보험자는 보험금액을 지급할 책임이 없다(상법 제659조 제1항). 그러나 손해보험과 달리 사망이나 상해를 보험사고로 하는 인보험에서는 보험계약자 측을 더욱 두텁게 보호하려는 취지에서 보험사고가 고의로 인하여 발생한 것이 아니라면 비록 보험계약자 등의 중대한 과실로 인하여 발생한 경우에도 보험자는 보험금을 지급할 책임을 면하지 못한다고 규정하고 있다(상법 제732조의2 제1항, 제739조).

피보험자의 안전띠 미착용 등 법령 위반 행위가 고의에 의한 것이라고 평가될 정도에 이르지 아니하는 한 무효이다

대법원은 피보험자의 사망이나 상해를 보험사고로 하는 보험계약에서는 보험사고 발생의 원인에 피보험자에게 과실이 존재하는 경우뿐만 아니라 보험사고 발생 시의 상황에 있어 피보험자에게 안전띠 미착용 등 법령 위반의 사유가 존재하는 경우를 보험자의 면책사유로 약관에 정한 경우에도 그러한 법령 위반 행위가 보험사고의 발생원인으로서 고의에 의한 것이라고 평가될 정도에 이르지 아니하는 한 위 상법 규정들에 반하여 무효라고 판단하였다.

결국, P 씨가 체결한 자기신체사고 자동차보험은 인보험의 일종인 상해보험으로서 약관에서 공제라는 표현을 사용하고 있으나 그 실질은 보험금 일부를 지급하지 않겠다는 것이어서 일부 면책약관이라고 할 것인데, P 씨가 안전띠를 착용하지 않은 것이 보험사고의 발생원인으로서 고의에 의한 것이라고 할 수 없으므로 위 약관은 상법 제663조, 제732조의2, 제739조 규정들에 반하여 무효이다.

한 걸음 더

무면허운전 또는 음주운전 면책약관의 효력

대법원은 상해 또는 사망을 보험사고로 하는 보험계약상의 무면허·음주 등 면책약관이 만일 보험사고가 전체적으로 보아 고의로 평가되는 행위로 인한 경우뿐만 아니라 과실(중과실 포함)로 평가되는 행위로 인한 경우까지 보상하지 아니한다는 취지라면, 과실로 평가되는 행위로 인한 사고에 관한 한 상법 제663조, 제732조의2, 제739조 규정들에 위배되어 무효라고 판단하였다(대법원 1998. 10. 20. 선고 98다34997 판결).

무면허운전(또는 음주운전)의 경우에는 보험사고 발생의 가능성이 많을 수도 있으나 그 정도의 사고 발생 가능성에 관한 개인차는 보험에 있어서 구성원 간의 위험의 동질성을 해칠 정도는 아니고, 또한 무면허운전이 고의적인 범죄행위이기는 하나 그 고의는 특별한 사정이 없는 한 무면허운전 자체에 관한 것이고 직접적으로 사망이나 상해에 관한 것이 아니어서 그로 인한 손해보상을 해준다고 하여 그 정도가 보험계약에 있어서의 당사자의 선의성·윤리성에 반한다고는 할 수 없다는 것을 그 이유로 하고 있다(대법원 1998. 3. 27. 선고 97다27039 판결, 대법원 1998. 3. 27. 선고 97다48753 판결).

제 2 부

내 땅이라고 내 맘대로 해서는 안 되겠죠?

대법원 2014. 10. 30. 선고 2014다42967 판결

사안 바라보기

콘도 측에서 출입구 쪽 도로 및 주차장으로 이용하던 토지의 소유자가 콘도와 토지의 경계 위에 블록으로 화단을 설치하고 그 위에 쇠파이프 등으로 철제 구조물을 설치하였다면, 이러한 구조물 등을 설치한 행위가 법적으로 문제가 될까?

토지 소유자가 자신 소유의 토지 위에 공작물을 설치한 행위가 정당한 권리행사의 한계를 벗어난 것으로서 권리남용에 해당하는 경우에는 이를 철거하여야 한다.

깊게 들여다보기

내 땅인데 뭐 어때?

A 회사는 콘도를 운영하면서 그에 이웃한 토지를 콘도의 출입구 쪽 도로 및 주차장으로 이용하여 왔는데, 그 토지는 A 회사의 사내이사가 매수하여 아들인 B 씨 앞으로 소유권이전등기를 마쳐 준 것이었다.

그 후 N 회사가 부동산임의경매절차에서 A 회사 소유였던 콘도의 지분 중 대부분을 매수하여 콘도를 운영하게 되었는데, B 씨는 N 회사가 콘도를 매수한 이후 콘도와 토지의 경계 위에 블록으로 화단을 설치하고, 그 위에 쇠파이프 등으로 철제 구조물을 설치하였다.

B 씨의 구조물 설치행위로 N 회사가 토지를 도로나 주차장으로 이용하지 못하게 됨으로써 도로에서 콘도에 이르는 도로의 폭이 좁아지고 콘도의 주차장 일부도 기능을 상실하여 N 회사와 고객들이 불편을 겪고 있고, 콘도의 전체적인 미관도 훼손되고 있다.

N 회사는 구조물 등의 철거를 청구할 수 있을까?

관련 규정 돋보기

민법 제2조(신의성실)

❶ 권리의 행사와 의무의 이행은 신의에 좇아 성실히 하여야 한다.

❷ 권리는 남용하지 못한다.

권리행사에도 한계가 있는 법

N 회사가 운영하는 콘도는 주변 풍광이 수려한 해상국립공원 지역에 있는 숙박시설로서 주차장의 반대쪽은 남해에 면하여 있다. 한편 B 씨의 토지는 콘도의 주차장 내에 있거나 도로로 사용 중인 길쭉한 형태의 합계 169㎡의 토지인데, 위치나 형상 및 면적 등에 비추어 사실상 다른 용도로는 사용·수익이 곤란한 실정이었고, 블록으로 쌓은 구조물만으로도 경계 구분에 충분하여 철제 구조물의 추가 설치로 B 씨가 얻을 수 있는 이익은 아무것도 없었다.

한편 A 회사는 신축공사비 등을 제대로 변제하지 못하여 콘도에 관한 경매절차가 개시되기에 이르렀고, N 회사가 콘도를 낙찰받은 이후에도 B 씨 측

과 상당한 기간 동안 여러 건의 법률 분쟁이 계속되었으며, N 회사가 공시지가의 몇 배의 가격으로 토지를 매도할 것을 제의하였으나 B 씨는 응하지 않았다.

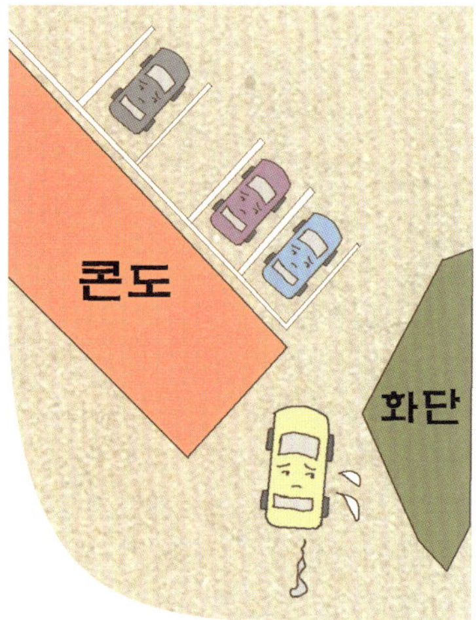

이러한 사정을 보면, B 씨가 구조물을 설치한 행위는 외형상으로는 정당한 권리의 행사로 보이지만 실질적으로는 토지가 자기 소유임을 기화로 N 회사 소유인 콘도의 사용·수익을 방해하고 나아가 N 회사에 고통이나 손해를 줄 목적으로 행한 것이라고 볼 수밖에 없다. 따라서 B 씨의 구조물 설치행위는 정당한 권리행사의 한계를 벗어난 것으로서 권리남용에 해당한다고 볼 여지가 충분하다.

이와 같이 토지 소유자가 자신 소유의 토지 위에 공작물을 설치한 행위가 인근 건물의 소유자에 대한 관계에서 권리남용에 해당하고, 그로 인하여 인근 건물 소유자의 건물 사용·수익이 실질적으로 침해되는 결과를 초래하였다면, 인근 건물 소유자는 건물 소유권에 기한 방해제거청구권을 행사하여 토지 소유자를 상대로 공작물의 철거를 구할 수 있다는 것이 대법원의 판단이다.

콘도 이용이 불가능한 것이 아닌데도?

한편 콘도 이용객 등이 위 토지를 이용하지 않더라도 차량으로 도로에서 콘도로 진입하는 데 별다른 문제가 없었고, 위 토지 외에도 콘도 내에 주차할 공간이 충분하였다. B 씨의 입장에서는 토지의 경계를 명확히 하고 타인의 무단이용을 방지하기 위하여 구조물을 설치하였다고 주장할 여지는 있었다.

그러나 대법원은 B 씨의 공작물 설치 행위 등으로 N 회사 소유의 토지에 대한 통행 등 사용·수익이 아예 불가능한 지경에 이르러야만 B 씨의 행위를 권리남용에 해당한다고 할 수 있는 것은 아니고, 행위자에게는 아무런 이익이 없는 행위로 인근의 건물 소유자가 고통과 손해를 입게 되고 그것이 객관적으로 사회질서에 위반된다고 볼 수 있으면 족하므로, 위와 같은 사정만으로 B 씨의 행위를 정당화할 만한 사유로 삼기는 어렵다고 판단하였다.

한 걸음 더

권리행사가 권리남용에 해당하는지 판단하는 기준

권리의 행사가 주관적으로 오직 상대방에게 고통을 주고 손해를 입히려는 데 있을 뿐 이를 행사하는 사람에게는 아무런 이익이 없고, 객관적으로 사회질서에 위반된다고 볼 수 있으면, 그 권리의 행사는 권리남용으로서 허용되지 않는다. 권리행사가 상대방에게 고통이나 손해를 주기 위한 것이라는 주관적 요건은 권리자의 정당한 이익을 결여한 권리행사로 보이는 객관적인 사정에 의하여 추인할 수 있으며, 어느 권리행사가 권리남용이 되는가는 개별적이고 구체적인 사안에 따라 판단되어야 한다(대법원 2010. 12. 9. 선고 2010다59783 판결).

제 2 부

허위·과장 분양광고와 분양대금반환청구

대법원 2014. 12. 11. 선고 2012다16087 판결

사안 바라보기

A 회사는 상가를 분양하면서 상가의 지하공간이 지하철역 및 새로 조성될 동대문디자인플라자(DDP) 등과 연결된다고 광고하였으나, 그 후 서울특별시의 개발계획 변경으로 지하철역 등과 연결되지 않게 되었다. 이 경우 상가를 분양받거나 수분양자 지위를 인수한 B 씨 등은 A 회사가 허위로 과장광고를 하여 B 씨 등을 속였다는 이유로 분양계약을 취소할 수 있을까?

A 회사가 분양계약 체결 당시 상가가 지하철역 등과 연결되지 않는다는 사실을 알면서도 고지하지 않았거나 허위 정보를 적극적으로 제공하는 방법으로 허위·과장광고를 하였다고 볼 수 없다면 B 씨 등은 과장광고로 인한 기망 등을 이유로 분양계약을 취소할 수 없다.

깊게 들여다보기

상가건물을 분양하면서 지하공간을 통하여 지하철역 등과 연결되는 개발이 예정되어 있다고 광고

동대문디자인플라자(DDP) 인근에 상가건물(이하 '상가'라고 한다)을 건설하여 분양하는 A 회사가 동대문디자인플라자 지하공간 개발에 관한 서울특별시의 개발계획과 언론의 보도내용을 반영하여 상가의 지하공간을 통해 지하철역 등과 연결되는 개발이 예정되어 있다는 광고를 하였다.

A 회사가 상가를 분양할 당시에는, 서울특별시가 동대문역사문화공원역부터 상가까지 지하공간을 활성화하여 복합문화공간을 조성한다는 개발계획을 발표하여 언론에 자세히 보도된 상태였지만, 이후 서울특별시의 개발계획이 축소되어 상가가 지하철역 등과 연결되지 않는 것으로 확정되었다. 그러자 상가를 분양받거나 수분양자 지위를 인수한 B 씨 등은 A 회사가 분양광

고와 달리 서울시의 지하공간 개발계획이 축소·확정된 사실을 알면서도 분양계약을 체결하였다면서 민법 제110조에 따라 사기를 이유로 분양계약의 취소를 주장하였다.

관련 규정 돋보기

민법 제110조(사기, 강박에 의한 의사표시)

❶ 사기나 강박에 의한 의사표시는 취소할 수 있다.

❷ 상대방 있는 의사표시에 관하여 제3자가 사기나 강박을 행한 경우에는 상대방이 그 사실을 알았거나 알 수 있었을 경우에 한하여 그 의사표시를 취소할 수 있다.

❸ 전 2항의 의사표시의 취소는 선의의 제3자에게 대항하지 못한다.

허위·과장광고에 의한 사기를 이유로 분양계약을 취소하기 위한 요건

상품의 선전·광고에서 거래의 중요한 사항에 관한 구체적 사실을 신의성실의 의무에 비추어 비난받을 정도의 방법으로 허위 고지한 경우에는 기망행위에 해당한다. 그러나 선전·광고에 다소의 과장이 수반되었다고 하더라도 일반 상거래 관행과 신의칙에 비추어 시인될 수 있다면 기망행위라고 할 수 없다.

그리고 민법 제110조에 따라 사기를 이유로 의사표시를 취소하려면, 거래당사자 일방의 고의적인 기망행위가 있고 이로 말미암아 상대방이 착오에 빠져 의사표시를 하였다는 관계, 즉 기망행위가 없었더라면 사회통념상 의사표시를 하지 않았을 것이라고 인정되는 경우이어야 한다.

A 회사가 허위·과장광고로 B 씨 등을 기망하였다고 할 수 없다

A 회사는 서울특별시의 지하공간 개발계획을 기초로 상가가 지하철역 등과 연결된다는 분양광고를 하기 시작하였는데, 서울특별시의 개발계획 변경

으로 상가가 지하철역 등과 연결되지 않게 되었다. 그런데 서울특별시 인터넷 홈페이지에 개발계획 발표 예정일자에 관한 자료가 게시되기는 했지만, 서울특별시의 자료 게시 형태나 내용만으로는 개발계획 변경에 대하여 쉽게 알기 어려웠고, 변경된 개발계획에 관한 보도도 분양계약 체결 이후에 있었다.

또한 지하철역 등과 연결되는지는 상가의 입지 조건에 영향을 미치는 요소이기는 하지만, 상가는 국내 최대급인 동대문 패션상권의 동부 도매상권과 서부 소매상권의 경계에 있던 시장을 재건축하는 것으로서 유동인구나 손님 모으는 능력이 검증된 장소에 자리 잡았고, 분양 팸플릿 조감도에는 지하공간 연결 부분이 묘사되어 있지 않았던 점 등을 보면, 분양자로서는 서울특별시 개발계획의 발표 예정일자나 발표 여부를 주목하고 있었을 것이라거나 내용을 당연히 알고 있었을 것이라고 보기도 어렵다.

대법원은 A 회사가 B 씨 등과 분양계약을 체결하기 전에 분양광고와 달리 개발계획이 변경된 사실, 즉 지하공간 개발계획이 축소 · 확정된 사실을 알면서도 이를 B 씨 등에게 고지하지 않았거나 허위 정보를 적극적으로 제공하는 방법으로 허위 · 과장광고를 하였다고 볼 수 없으므로, B 씨 등은 허위 · 과장광고에 의한 사기를 이유로 분양계약을 취소할 수 없다고 판단하였다.

한 걸음 더

아파트 분양광고가 허위·과장광고에 해당한다고 보아 손해배상책임을 인정한 사례

대법원은, 아파트 분양광고 중 해양공원 부분과 경전철 부분 등에 관한 그릇된 광고 내용이 구 표시·광고의 공정화에 관한 법률(2011. 9. 15. 법률 제11050호로 개정되기 전의 것)상 허위·과장광고에 해당하므로, 시행사 등은 수분양자들에게 손해를 배상해야 한다고 판단하였다(대법원 2015. 7. 23. 선고 2012다15336, 15343, 15350, 15367, 15374, 15381, 15398, 15404 판결). 이 사건에서 시행사 등은 분양광고 당시 해양공원에 설치될 시설이나 해양공원의 완공 시기 등이 확정되지 않았는데도, 분양되는 아파트가 '해양공원아파트'라는 차별화된 특징을 가진다고 강조하면서, 아파트 앞 해안가에 호텔, 컨벤션 센터 등으로 구성된 해양공원이 조성될 것이고, 해양공원이 완공되지 않으면 아파트의 준공승인이 나지 않는다고 광고하였다. 또, 경전철의 착공 예정 시기에 관한 광고 내용이 OO광역시의 도시철도 기본계획에 근거한 것이기는 하지만, 도시철도 기본계획은 장기적이고 전체적인 계획으로서 계획의 수립이 곧 착공 및 운행을 의미하는 것은 아닌데도 시행사 등은 수분양자들에게 도시철도 기본계획의 의미에 관한 설명을 하지 않고 오히려 일부 광고물에 경전철 역명을 표시하고 견본주택에 경전철의 모형을 설치하는 등으로 마치 경전철 사업이 확정된 것처럼 오인하게 하였다.

제 2 부

자살한 병사에 대한 국가배상책임

대법원 2015. 2. 12. 선고 2012다56375 판결

사안 바라보기

군에 입대하여 복무 중이던 병사가 군 복무에 적응하지 못하고 자살한 경우, 유족이 국가를 상대로 손해배상책임을 물을 수 있을까?

지휘관을 비롯한 군 관계자들이 직무수행 과정에서 요구되는 주의의무를 위반한 과실이 있고, 병사가 자살할 수도 있다는 특별한 사정에 관하여 예견할 수 있었다면 국가에 배상책임을 물을 수 있다. 그러나 부대 지휘관 등이 부대 적응에 어려움을 겪고 있는 병사에게 관심을 가지고 군 복무 적응을 돕기 위하여 적극적으로 노력했다면 병사의 자살에 대하여 국가에 책임을 물을 수 없다.

깊게 들여다보기

군에 입대한 지 5개월 만에 자살한 병사

입대 전에 아무런 정신병력이 없었던 P 군은 2010. 4. 입대한 후 낯선 환경과 군 복무에 적응하지 못하여 힘들어하다가 입대한 지 5개월 만에 부대 야외 휴게실에서 전투화 끈으로 목을 매어 스스로 목숨을 끊었다. 유족들은 '선임 병사들의 폭언 · 욕설 등 가혹행위나 집단 따돌림을 당해 아들이 죽었다'고 주장하면서 국가를 상대로 소송을 제기했다.

관련 규정 돋보기

국가배상법 제2조(배상책임)

① 국가나 지방자치단체는 공무원 또는 공무를 위탁받은 사인(이하 '공무원'이라 한다)이 직무를 집행하면서 고의 또는 과실로 법령을 위반하여 타인에게 손해를 입히거나, 자동차손해배상 보장법에 따라 손해배상의 책임이 있을 때에는 이 법에 따라 그 손해를 배상하여야 한다. 다만 군인 · 군무원 · 경찰공무원 또는 향토예비군대원이 전투 · 훈련 등 직무 집행과 관련하여 전사 · 순

직하거나 공상을 입은 경우에 본인이나 그 유족이 다른 법령에 따라 재해보상금 · 유족연금 · 상이연금 등의 보상을 지급받을 수 있을 때에는 이 법 및 민법에 따른 손해배상을 청구할 수 없다.

관심사병에 대한 지휘관의 관심과 조치

군 복무 중 자살한 군인의 유족이 국가를 상대로 손해배상청구 소송을 제기한 경우, 손해배상책임을 인정할 것인지는 관리 · 감독의 책임이 있는 소속 부대 관계자들에게 직무수행 과정에서 요구되는 주의의무를 위반한 과실이 있는지에 따라 달라진다.

이 사건에서, P 군의 소속 부대 중대장은 P 군을 면담한 결과 자살징후를 알게 되었고, 이를 보고받은 대대장은 P 군을 A급 관심사병으로 지정하였다.

그 무렵부터 지휘관들이 수시로 P 군을 면담하고 민간 상담전문가, 군종목사 등과 여러 차례 상담을 받게 하였으며, 국군수도병원 정신과에서 진료를 받게 하였다. 같은 중대원이 총기로 자살하는 사건이 발생하자 대대장이 P 군의 보직을 경계병에서 대대본부 CCTV 감시병으로 변경하였고, 부대원들에게는 P 군에 대한 폭행이나 욕설을 금지하고 특별 관리하라고 지시하였으며, 적응장애를 겪은 경험이 있는 부대원을 전담 멘토사병으로 지정해 주었다.

군 복무 적응을 돕기 위한 적극적인 조치를 한 이상 과실이 있다고 보기 어렵다

대법원은 P 군이 부대에서 집단 따돌림과 선임병들의 괴롭힘을 당하였음을 뒷받침할 만한 증거가 없다고 보고, 소속 부대 지휘관 등이 P 군이 자살할 위험이 있는지에 관하여 특별한 관심을 기울였고 P 군의 군 복무 적응을 돕기 위한 적극적인 조치를 한 이상 비록 P 군을 입원시키는 등의 좀 더 세심한 조치를 하지 않았다고 하더라도 그러한 사정만으로 곧바로 군 관계자들에게 직무수행 과정에서 요구되는 주의의무를 게을리한 과실이 있다고 보기는 어렵고, P 군이 자살할 수도 있다는 특별한 사정에 관한 예견 가능성 역시 쉽게 인정하기 어렵다고 판단하였다.

한 걸음 더

국가에 대하여 손해배상책임을 인정한 사례

신병훈련을 마치고 자대에 배치된 N 이병이 선임들로부터 매일 수시로 복장단정, 군가암송, 서열암기 등의 군기교육을 빙자한 각종 지시사항 불이행을 이유로 곡괭이 자루로 매질을 당하고, 전투화로 걷어차이고, 주먹으로 가슴을 가격당하고, 뺨과 머리를 얻어맞고, 머리를 땅에 박고 기합을 받는 등 온갖 구타와 가혹행위 및 끊임없는 욕설과 폭언에 시달리다가, 결국 전입한 지 채 열흘도 지나지 않아 부대 철조망 인근 소나무에 목을 매어 자살한 사안에서, 대법원은 이러한 행위들이 지휘관들의 종용 또는 묵인 아래 일상적으로 자행되었다는 사실을 인정하고, 선임병들의 심한 폭행·가혹행위 및 이에 대하여 적절한 조치를 하지 않은 부대 관계자들의 관리·감독 소홀이라는 불법행위로 사고가 발생한 것으로 보아야 한다면서 N 군의 유족들이 제기한 소송에서 국가에 배상책임이 있다고 판단하였다(대법원 2011. 10. 13. 선고 2011다36091 판결).

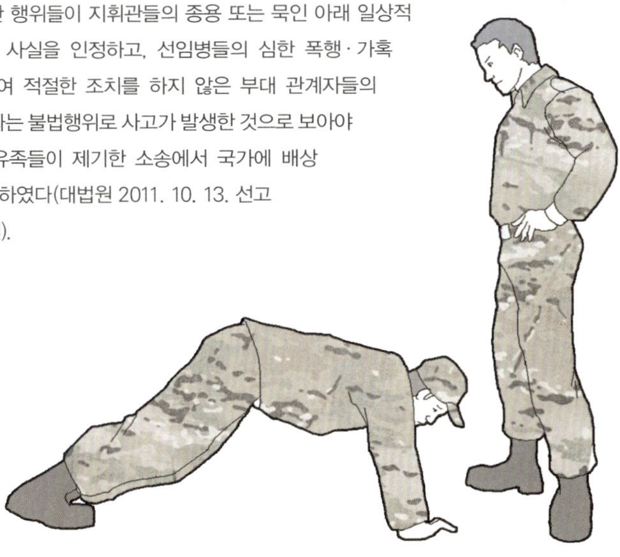

해킹에 의한 개인정보 유출사고와 정보통신서비스 제공자의 개인정보 보호조치의무

대법원 2015. 2. 12. 선고 2013다43994, 44003 판결

사안 바라보기

A 회사가 운영하는 인터넷 오픈마켓 사이트에서 회원들의 개인정보가 해킹으로 유출되는 사고가 발생하자, 회원인 B 씨 등은 개인정보 유출로 정신적 피해를 입었다며 A 회사를 상대로 손해배상을 구하였다. A 회사는 회원들에게 손해배상책임을 져야 할까?

정보통신서비스 제공자인 A 회사가 회원들의 개인정보를 보호하기 위하여 해킹 등 침해사고 당시 사회통념상 합리적으로 기대 가능한 정도의 보호조치를 다하였다면, B 씨 등의 개인정보 유출로 인한 손해배상책임을 지지 않는다.

깊게 들여다보기

개인정보 유출로 입은 정신적 고통에 대한 손해를 배상하라

A 회사가 운영하는 인터넷 오픈마켓 사이트에 중국인 해커로 추정되는 사람이 침입하여 온라인 회원들의 이름, 주민등록번호, 휴대전화번호, 이메일 주소 등 개인정보를 해킹하여 누출시키는 사고가 발생하였다. 그러자 위 사이트에 가입한 회원인 B 씨 등이 개인정보 유출로 정신적 고통을 당하였다면서 A 회사를 상대로 손해배상을 청구하였다. B 씨 등은 A 회사가 해킹을 방지하기 위하여 웹 방화벽 설치 등 회원들의 개인정보를 보호하기 위한 조치를 제대로 하지 않았다고 주장하였다.

관련 규정 돋보기

구 정보통신망 이용촉진 및 정보보호 등에 관한 법률(2008. 2. 29. 법률 제8852호로 개정되기 전의 것) 제28조(개인정보의 보호조치)

① 정보통신서비스 제공자 등은 이용자의 개인정보를 취급함에 있어서 개인정보가 분실·도난·누

출 · 변조 또는 훼손되지 아니하도록 정보통신부령이 정하는 바에 따라 안전성 확보에 필요한 기술적 · 관리적 조치를 하여야 한다.

구 정보통신망 이용촉진 및 정보보호 등에 관한 법률 시행규칙(2008. 9. 23. 행정안전부령 제34호로 전부 개정되기 전의 것) 제3조의3(개인정보의 보호조치)

❶ 법 제28조의 규정에 의한 개인정보의 안전성 확보에 필요한 기술적 · 관리적 조치는 다음 각 호와 같다.

1. 개인정보의 안전한 취급을 위한 내부관리계획의 수립 및 시행
2. 개인정보에 대한 불법적인 접근을 차단하기 위한 침입차단시스템 등 접근통제장치의 설치 · 운영
3. 접속기록의 위조 · 변조 방지를 위한 조치
4. 개인정보를 안전하게 저장 · 전송할 수 있는 암호화기술 등을 이용한 보안조치
5. 백신소프트웨어의 설치 · 운영 등 컴퓨터바이러스 방지 조치
6. 그 밖에 개인정보의 안전성 확보를 위하여 필요한 보호조치

❷ 정보통신부장관은 제1항 각 호의 규정에 의한 보호조치의 구체적인 기준을 정하여 고시하여야 한다.

정보통신서비스 제공자에게는 해킹사고로부터 회원들의 개인정보를 보호할 법률상·계약상 의무가 있다

A 회사와 같은 정보통신서비스 제공자는 정보통신망 이용촉진 및 정보보호 등에 관한 법률(약칭: 정보통신망법) 등에 따라 정보통신서비스 이용자들의 개인정보를 보호하기 위한 기술적 · 관리적 조치를 취하여야 할 법률상 의무가 있다. 그리고 정보통신서비스 이용자와 서비스 이용계약을 체결하면서 약관 등을 통해 개인정보를 필수적으로 제공하도록 하여 이를 수집하였다면, 이용자의 개인정보가 분실 · 도난 · 누출 · 변조 또는 훼손되지 않도록 보호조치를 취하여야 할 정보통신서비스 이용계약상 의무도 부담한다.

정보통신서비스 제공자는 사고 당시 사회통념상 합리적으로 기대 가능한 정도의 보호조치를 하면 된다

A 회사가 제공하는 정보통신서비스는 '개방성'을 특징으로 하는 인터넷을 기반으로 하고 있고, 정보통신서비스 제공자가 구축한 네트워크나 시스템 및

운영체제 등은 내재적인 취약점을 내포하고 있어 해킹과 같은 불법적인 침입행위에 노출될 수밖에 없고, 완벽한 보안을 갖추는 것도 기술 발전 속도 등을 고려할 때 기대하기 쉽지 않다. 따라서 정보통신서비스 제공자에게 완벽한 보안조치를 갖추도록 요구할 수는 없다.

정보통신서비스 제공자가 회원의 개인정보의 안정성 확보에 필요한 보호조치를 취할 법률상 또는 계약상 의무를 위반하였는지를 판단할 때에는, 해킹 등 침해사고 당시 보편적으로 알려져 있는 정보보안의 기술 수준, 정보통신서비스 제공자의 업종·영업규모와 전체적인 보안조치의 내용, 정보보안에 필요한 경제적 비용 및 효용의 정도, 해킹기술의 수준과 피해 발생의 회피 가능성, 수집한 개인정보의 내용과 개인정보의 누출로 인하여 이용자가 입게 되는 피해 정보 등을 종합적으로 고려하여, 정보통신서비스 제공자가 해킹 등 침해사고 당시 사회통념상 합리적으로 기대 가능한 정도의 보호조치를 다하였는지를 기준으로 판단하여야 한다.

A 회사는 회원들의 개인정보를 보호하기 위한 조치를 적절히 취하였다

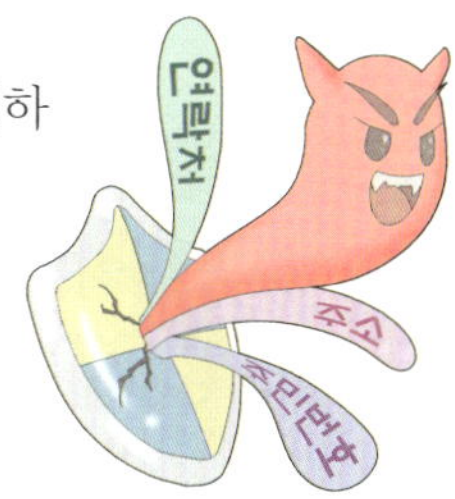

대법원은, A 회사가 개인정보 관리계획을 수립·시행하고, 네트워크에 대한 침입탐지시스템과 침입방지시스템을 설치·운영하는 등 정보통신망법 등에서 요구하는 기술적·관리적 보호조치를 취하였을 뿐만 아니라 그 외 다수의 보안조치를 취하는 등 해킹사고 당시 사회통념상 합리적으로 기대 가능한 정도의 보호조치를 다하였다.

B 씨 등이 주장하는 웹 방화벽은 선택적인 보안조치 중 하나에 불과하고 정보통신망법 등 관련 법령상 설치가 의무화되어 있지 않았으므로, 웹 방화벽이 설치되어 있지 않았다고 하여 A 회사가 사회통념상 합리적으로 기대 가능한 정도의 보호조치를 이행하지 않았다고 볼 수도 없다.

따라서 A 회사는 정보통신서비스 제공자로서 개인정보의 안전성 확보에 필요한 조치를 취할 법률상 또는 정보통신서비스 이용계약상 의무를 위반하였다고 할 수 없으므로, 회원인 B 씨 등에 대하여 손해배상책임을 지지 않는다고 판단하였다.

KTX 열차 승무원은
한국철도공사의 근로자일까?

대법원 2015. 2. 26. 선고 2011다78316 판결

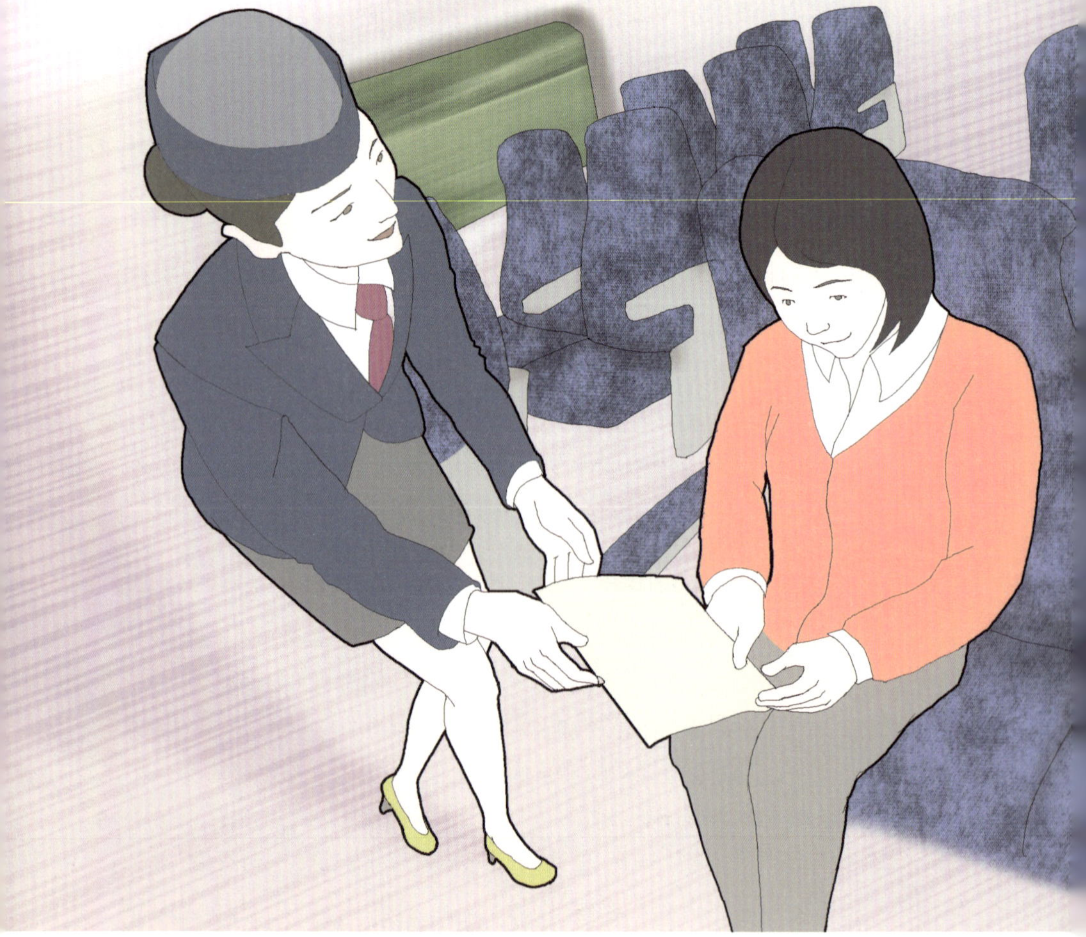

사안 바라보기

A 씨는 B 회사 등과 근로계약을 체결한 후 B 회사 등이 한국철도공사 측과 체결한 위탁협약에 따라 KTX 열차 승무원으로 승객서비스 업무를 수행하였다. A 씨를 한국철도공사의 근로자로 볼 수 있을까?

A 씨와 한국철도공사 사이에 묵시적 근로계약관계가 성립하였다고 평가할 수 없으므로 A 씨를 한국철도공사의 근로자로 볼 수 없다.

깊게 들여다보기

우리는 한국철도공사의 근로자입니다!

H 재단법인은 고속열차 승무원을 공개 모집하여 최종 합격한 A 씨 등과 근로계약을 체결하였다. H 법인은 철도청과 'KTX 승객서비스업무 위탁협약'을 체결하였고, A 씨는 KTX 여승무원으로서 승객서비스업무를 수행하였다.

그 후 철도청의 출자로 B 회사가 설립되어 H 법인의 사업 부분을 양수하였는데, B 회사는 철도청의 권리·의무 등을 포괄승계한 한국철도공사와 새로 'KTX 고객서비스 위탁협약'을 체결하였고, KTX 여승무원들의 고용을 승계하여 A 씨와 새로 근로계약을 체결하였다.

한편 한국철도공사는 KTX 고객서비스 업무를 K 회사에 위탁하기로 결정한 후 A 씨에게 K 회사로 이적하지 아니할 경우 이적 시한이 만료된다고 통보하였으나, A 씨는 한국철도공사가 A 씨의 실질적 사용자로서 직접 고용관계에 있음을 주장하면서 K 회사로 이적하지 아니하였다. 이에 B 회사는 이적 거부를 이유로 A 씨를 해고하였다.

원고용주에게 고용되어 제3자의 사업장에서 업무를 수행하는 사람을 제3자의 근로자라고 하기 위한 요건

원고용주에게 고용되어 제3자의 사업장에서 제3자의 업무를 수행하는 사람을 제3자의 근로자라고 하기 위해서는, 원고용주가 사업주로서의 독자성이 없거나 독립성을 결하여 제3자의 노무대행기관과 동일시할 수 있는 등 존재가 형식적·명목적인 것에 지나지 아니하고, 사실상 피고용인은 제3자와 종속적인 관계에 있으며 실질적으로 임금을 지급하는 주체가 제3자이고 근로제공의 상대방도 제3자이어서, 당해 피고용인과 제3자 사이에 묵시적 근로계약관계가 성립하였다고 평가할 수 있어야 한다.

KTX 여승무원과 한국철도공사의 근로계약관계를 인정할 수는 없어

대법원은 KTX의 운행과 관련된 승무분야 업무 중 한국철도공사 측 소속 열차팀장이 수행하는 안전업무와 KTX 여승무원이 수행하는 승객서비스업무는 구분되어 있었고, B 회사 등이 한국철도공사 측과 체결한 각 위탁협약에 따라 독립적으로 KTX 승객서비스업을 경영하였으며, KTX 여승무원을 직접 고용하여 관리·감독하면서 업무에 투입하고 그에 대한 인사권을 독자적으로 행사하였던 점을 주목하였다. 이에 B 회사 등의 존재가 형식적·명목적인 것에 지나지 아니하여 A 씨와 한국철도공사 측 사이에 묵시적 근로계약관계가 성립하였다고 평가할 수는 없다고 판단하였다.

KTX 여승무원은 파견근로자보호 등에 관한 법률의 적용을 받는 '근로자파견'에도 해당하지 않아

파견근로자보호 등에 관한 법률 제2조 제1호는 "'근로자파견'이라 함은 파견사업주가 근로자를 고용한 후 그 고용관계를 유지하면서 근로자파견계약의 내용에 따라 사용사업주의 지휘·명령을 받아 사용사업주를 위한 근로에 종사하게 하는 것을 말한다."라고 규정한다.

또 다른 KTX 여승무원이 한국철도공사를 상대로 제기한 근로자지위확인 등 소송에서, 대법원은 KTX 여승무원과 한국철도공사는 근로자파견관계에도 해당하지 않는다고 판단하였다(대법원 2015. 2. 26. 선고 2012다96922 판결).

대법원은 먼저 원고용주가 근로자로 하여금 제3자를 위한 업무를 수행하도록 하는 경우, 법률관계가 파견근로자보호 등에 관한 법률의 적용을 받는 '근로자파견'에 해당하는지 판단하는 기준을 다음과 같이 제시하였다.

① 제3자가 당해 근로자에 대하여 직·간접적으로 업무수행 자체에 관한 구속력 있는 지시를 하는 등 상당한 지휘·명령을 하는지, ② 당해 근로자가 제3자 소속 근로자와 하나의 작업집단으로 구성되어 직접 공동 작업을 하는 등 제3자의 사업에 실질적으로 편입되었다고 볼 수 있는지, ③ 원고용주가 작업에 투입될 근로자의 선발이나 근로자의 수, 교육 및 훈련, 작업·휴게시간, 휴가, 근무태도 점검 등에 관한 결정 권한을 독자적으로 행사하는지,

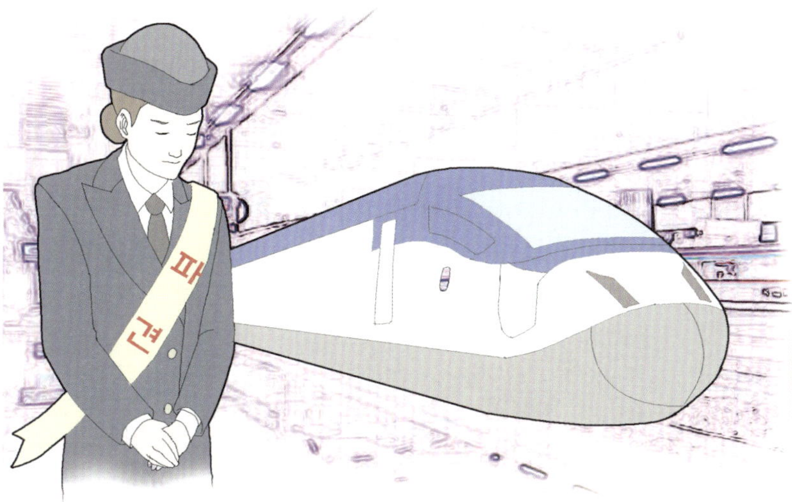

④ 계약의 목적이 구체적으로 범위가 한정된 업무의 이행으로 확정되고 당해 근로자가 맡은 업무가 제3자 소속 근로자의 업무와 구별되며 그러한 업무에 전문성·기술성이 있는지, ⑤ 원고용주가 계약의 목적을 달성하기 위하여 필요한 독립적 기업조직이나 설비를 갖추고 있는지 등의 요소를 바탕으로 근로관계의 실질에 따라 판단하여야 한다.

이에 KTX 여승무원의 업무와 열차팀장의 업무가 구분되어 있었고, KTX 여승무원에 대한 한국철도공사 측의 구속력 있는 지휘·명령이 없었으며, KTX 여승무원의 구체적인 업무수행 방식 등에 관한 결정 권한을 B 회사 등이 행사하였으므로, KTX 여승무원과 한국철도공사는 근로자파견관계에도 해당하지 않는다고 하였다.

한 걸음 더

근로자파견관계를 인정한 사례

- 자동차 등을 제조·판매하는 H 회사의 사내협력업체 소속 근로자로서 H 회사의 사업장에서 업무를 수행한 사람의 경우, H 회사가 사내협력업체 소속 근로자가 수행할 작업량과 작업방법 등을 결정하고 직접 지휘한 점, 사내협력업체 근로자를 실질적으로 관리하여 온 점 등에 비추어 H 회사와의 근로자파견관계를 인정하였다(대법원 2015. 2. 26. 선고 2010다106436 판결).
- C 회사에 입사한 후 C 회사와 도급계약을 맺은 N 회사의 복합비료팀에서 생산직 근로자로 근무한 사람의 경우, N 회사가 C 회사 소속 근로자의 작업장소와 작업시간을 결정하고 작업내용에 대

하여 실질적인 지휘 · 감독을 한 점 등을 들어 N 회사와의 근로자파견관계를 인정하였다(대법원 2015. 2. 26. 선고 2010다93707 판결).

결국, 원고용주에게 고용되어 제3자의 사업장에서 제3자의 업무를 수행했다고 해서, 언제나 제3자의 근로자로서의 지위 또는 근로자파견관계가 인정된다고 일반화하여 평가할 수는 없고, 구체적 사안에 따라 다른 결론이 나올 수 있음을 유의하여야 한다.

대포통장 명의자에게도 불법행위책임이 있을까?

대법원 2015. 2. 26. 선고 2013다48913 판결

사안 바라보기

피고는 대출을 해주겠다는 성명불상자 A에게 속아 예금통장 등 전자금융거래 접근매체를 전달하였다. 한편 원고는 우체국 직원 및 경찰을 사칭하는 A에게서 '개인정보가 유출된 것 같으니 은행으로 가서 지시를 따르라'는 전화를 받고, A가 시키는 대로 피고 명의의 계좌로 돈을 이체하여 A의 보이스피싱(voíce phíshíng, 사기전화) 범행에 의한 피해를 입었다.
A에게 접근매체를 양도한 피고는 A와 공동불법행위자로서 원고에게 손해를 배상할 책임이 있는가?

피고가 A에게 피고 명의의 통장 등을 교부할 당시 통장 등이 보이스피싱에 사용될 것을 예견하기 어려웠고, 피고의 통장 등 교부행위와 원고의 손해 사이에 상당인과관계를 인정하기도 어려워, 피고는 A의 불법행위에 대하여 공동불법행위 손해배상책임을 지지 않는다.

깊게 들여다보기

대출을 해주겠다는 말에 속아 모르는 사람에게 예금통장 등을 건네주었는데

피고는 대출을 해주겠다는 성명불상자(성과 이름을 모르는 사람) A에게 속아 피고 명의의 예금통장과 현금카드, 비밀번호 등 전자금융거래 접근매체를 A에게 전달하였다. 한편 원고는 우체국 직원 및 경찰을 사칭하는 A에게서 "신규로 발급한 신용카드가 반송되었다. 개인정보가 유출된 것 같으니 경찰청에 신고를 해주겠다. 은행으로 가서 지시를 따르라."는 전화를 받고, 곧바로 인근 은행으로 가 A가 시키는 대로 원고 명의의 계좌에서 피고 명의의 계좌로 돈을 이체함으로써 A의 보이스피싱 범행에 의한 피해를 입었다.

관련 규정 돋보기

민법 제760조(공동불법행위자의 책임)

① 수인이 공동의 불법행위로 타인에게 손해를 가한 때에는 연대하여 그 손해를 배상할 책임이 있다.

③ 교사자나 방조자는 공동행위자로 본다.

전자금융거래법

제49조(벌칙)

④ 다음 각 호의 어느 하나에 해당하는 자는 3년 이하의 징역 또는 2천만 원 이하의 벌금에 처한다.

1. 제6조 제3항 제1호를 위반하여 접근매체를 양도하거나 양수한 자

제6조(접근매체의 선정과 사용 및 관리)

③ 누구든지 접근매체를 사용 및 관리함에 있어서 다른 법률에 특별한 규정이 없는 한 다음 각 호의 행위를 하여서는 아니 된다.

1. 접근매체를 양도하거나 양수하는 행위

'대포통장'이란?

금융실명거래 및 비밀보장에 관한 법률(약칭 '금융실명법')을 위반하여 타인 명의로 은행예금통장(차명계좌통장)을 발급받아 사용하는 경우에는 통장의 명의인과 실제 사용자가 서로 다르다. 이렇게 발급되어 사용되는 통장을 속칭 '대포통장'이라고 하는데, 흔히 보이스피싱을 비롯한 전화금융사기 또는 탈세 등의 범죄에 이용되고 있는 것이 현실이다.

접근매체를 양도한 명의자에게 과실에 의한 방조로 손해배상책임을 지우기 위한 요건

현금카드 등의 전자식 카드나 비밀번호 등과 같은 접근매체가 양도되어 명의자가 아닌 사람에 의해 전자금융거래가 이루어진 경우에 그 법률효과를 접근매체의 명의자에게 부담시키는 것을 넘어 전자금융거래를 매개로 이루어진 개별적인 거래가 불법행위에 해당한다는 이유로 접근매체를 양도한 명의자에게 과실에 의한 방조로 인한 손해배상책임을 지우기 위해서는, 접근매체 양도 당시의 구체적인 사정에 기초하여 접근매체를 통하여 이루어지는 개별적인 거래가 불법행위에 해당한다는 점과 불법행위에 접근매체를 이용하게 함으로써 불법행위를 용이하게 한다는 점을 명의자가 예견할 수 있어 접근매체의 양도와 불법행위로 인한 손해 사이에 상당인과관계가 인정되어야 한다. 그리고 예견 가능성이 있는지는 접근매체를 양도하게 된 목적 및 경위, 양도 목적의 실현 가능성, 양도의 대가나 이익의 존부, 양수인의 신원, 접근

제 2 부

매체를 이용한 불법행위의 내용 및 불법행위에 대한 접근매체의 기여도, 접근매체 이용 상황에 대한 양도인의 확인 여부 등을 종합적으로 고려하여 판단하여야 한다.

피고는 A의 불법행위에 대하여 공동불법행위 손해배상책임을 지지 않는다

대법원은, 피고가 대출을 해주겠다는 성명불상자 A에게 속아 피고 명의의 통장과 현금카드 등을 전달하였고, 보이스피싱 범행은 그 직후 발생한 점, 피고가 A에게 교부한 통장과 현금카드는 1개뿐이고, 교부행위로 인해 어떠한 금전적 대가를 취득하였다고 인정할 만한 자료가 없는 점, 피고는 수사기관에서 통장 등을 넘겨준 행위에 대하여 혐의없음 처분을 받은 점 등에 비추어 보면, 피고가 A에게 피고 명의의 통장과 현금카드를 교부할 당시 통장 등이 보이스피싱에 사용될 것이라는 점을 예견하기 어려웠고, 통장 등의 교부로 원고가 잘못된 신뢰를 형성하여 돈을 이체하기에 이른 것이 아니라, 피고 명의의 계좌는 원고가 이미 A에게 기망당한 후 재산을 처분하는 데 이용된 수단에 불과한 점 등에서 피고의 통장 등의 교부행위와 원고의 손해 사이에 상당인과관계가 있다고 보기 어렵다고 판단하였다.

한 걸음 더

대포통장을 개설하여 넘겨준 명의자에게 과연 민·형사상 책임이 없는 것일까?

이 사안과 달리, 접근매체를 통해 이루어지는 개별 거래가 불법행위에 해당한다는 점과 접근매체를 이용하게 함으로써 불법행위를 용이하게 한다는 점을 예견할 수 있어 접근매체의 양도와 불법행위로 인한 손해 사이에 상당인과관계가 인정되면, 대포통장의 명의자 또한 공동불법행위자로서 민사상 손해배상책임을 지게 된다.

그 밖에 대포통장 명의자는 형사책임도 지게 되는데, 우선 금융실명거래 및 비밀보장에 관한 법률에는 금융실명거래 위반행위에 대한 형사처벌 규정이 없으므로, 대포통장을 개설하는 행위 자체가 위 법률로 처벌되지는 않는다. 그러나 대포통장을 개설하여 타인에게 사용하도록 넘겨주면 전자금융거래법상 '접근매체양도죄'로 처벌된다(같은 법 제6조 제3항 제1호, 제49조 제4항 제1호). 그리고 통장이 사기 범행에 이용되리라는 사정을 알고도 자신의 명의로 은행예금계좌를 개설하여 타인에게 양도함으로써 타인이 피해자를 속여 돈을 위 계좌로 송금하게 하는 방법으로 사기 범행을 저지른 경우에는, 위 접근매체양도죄 외에 사기방조죄의 형사책임도 진다(대법원 2010. 12. 9. 선고 2010도6256 판결).

접근매체양도죄
사기방조죄

부동산 매매에서 계약금 중 일부만 주고받은 경우 매매계약을 해제하려면?

대법원 2015. 4. 23. 선고 2014다231378 판결

사안 바라보기

A 씨는 B 씨에게 아파트를 매도하면서 계약금을 총 1억 1,000만 원으로 하되 그중 1,000만 원은 계약 당일 송금받고 나머지 1억 원은 다음 날 송금받기로 약정하였다. 이 경우 A 씨는 약정한 계약금 1억 1,000만 원이 아니라 실제로 송금받은 1,000만 원의 배액인 2,000만 원만 돌려주고 매매계약을 해제할 수 있을까?

계약금 중 일부만 교부된 경우 당사자가 임의로 매매계약을 해제할 수 없다. 나아가 매매계약을 해제할 수 있다고 하더라도, 이때 해약금의 기준이 되는 돈은 '실제 교부받은 계약금'이 아니라 '약정한 계약금'이다. 따라서 A 씨는 B 씨에게 2,000만 원만 돌려주면서 아파트 매매계약을 해제할 수는 없다.

깊게 들여다보기

실제로 받은 계약금의 두 배인 2,000만 원을 돌려주며 매매계약을 해제하겠다고?

A 씨는 B 씨에게 아파트를 매도하면서 매매대금을 11억 원으로, 그중 계약금을 1억 1,000만 원으로 하여 매매계약을 체결하고, '매수인이 잔금을 지불하기 전까지 매도인은 계약금의 배액을 배상하고, 매수인은 계약금을 포기하고 계약을 해제할 수 있다'고 약정하였다. B 씨는 계약 당일 A 씨에게 계약금 1억 1,000만 원 중 일부인 1,000만 원을 송금하였다.

그런데 A 씨는 매매계약 다음 날 공인중개사에게 계약을 해제하겠다고 통보하면서 B 씨에게 송금계좌로 알려준 은행계좌를 폐쇄했고, B 씨는 나머지 계약금 1억 원을 송금하려고 했지만 계좌가 폐쇄되어 송금하지 못하게 되자, 그 다음 날 1억 원을 공탁하였다. 한편 A 씨는 B 씨를 피공탁자로 하여 실제

로 수령한 계약금 일부인 1,000만 원의 배액인 2,000만 원을 공탁하면서 B 씨에게 해약통고서를 보냈다.

B 씨는 A 씨가 약정한 대로 채무를 이행하지 않아 계약이 해제되었다고 주장하면서 해제로 인한 원상회복 및 손해배상을 청구하였고, A 씨는 B 씨를 위하여 2,000만 원을 변제공탁함으로써 계약이 이미 해제되었다고 주장하였다.

관련 규정 돋보기

민법 제565조(해약금)

① 매매의 당사자 일방이 계약 당시에 금전 기타 물건을 계약금, 보증금 등의 명목으로 상대방에게 교부한 때에는 당사자 간에 다른 약정이 없는 한 당사자의 일방이 이행에 착수할 때까지 교부자는 이를 포기하고 수령자는 그 배액을 상환하여 매매계약을 해제할 수 있다.

계약금의 전부를 지급하지 않았다면 주된 계약인 매매계약을 해제할 수 없다

매매계약이 성립한 후에는 당사자의 일방이 마음대로 해제할 수 없는 것이 원칙이다. 다만 주된 계약(여기서는 아파트 매매계약)과 더불어 계약금 계약(보통 매수인이 중도금 또는 잔금을 지급하기 전까지 매도인은 계약금의 배액을 배상하고 매수인은 계약금을 포기하고 매매계약을 해제할 수 있도록 하는 계약)을 한 경우에는 민법 제565조 제1항에 따라 해제할 수 있다.

그러나 당사자가 계약금의 일부만을 먼저 주고 잔액은 나중에 주기로 약정하거나 계약금 전부를 나중에 주기로 약정한 경우, 교부자가 계약금의 잔액 또는 전부를 주지 않는 한 계약금 계약은 성립하지 않으므로 당사자가 임의로 주계약을 해제할 수 없다(대법원 2008. 3. 13. 선고 2007다73611 판결). 따라서 B 씨가 계약금 1억 1,000만 원 중 일부인 1,000만 원만 지급한 이상 계약금 계약은 성립하지 않았으므로 A 씨는 임의로 주계약인 부동산(아파트) 매매계약을 해제할 수 없다.

'실제로 교부받은 계약금'의 배액 상환만으로는 매매계약을 해제할 수 없다

나아가 대법원은 계약금 중 일부만 지급된 경우 A 씨가 매매계약을 해제할 수 있다고 하더라도, 이때 해약금의 기준이 되는 돈은 '실제 교부받은 계약금'이 아니라 '약정 계약금'이라고 하였다. '실제 교부받은 계약금'의 배액만을 상환해 매매계약을 해제할 수 있다면 당사자가 일정한 금액을 계약금으로 정한 의사에 반하게 될 뿐 아니라, 교부받은 돈이 소액일 경우 사실상 자유로이 해제할 수 있어 계약의 구속력이 약화되는 결과를 낳기 때문이다.

따라서 A 씨는 계약금의 일부로서 실제 지급받은 돈(1,000만 원)의 배액(2,000만 원)을 상환하는 것으로는 부동산(아파트) 매매계약을 해제할 수 없다.

한 걸음 더

이 판결의 의미

고가의 부동산을 거래할 경우, 계약금 전액이 아닌 일부를 주고받는 경우가 많은데, 이때 매도인이 계약을 해제하기 위해서는 실제로 받은 일부 계약금의 배액이 아닌 약정한 계약금 전부의 배액을 지급해야만 해제할 수 있다는 것이 대법원 판결의 취지이다.

반대로 매수인 역시 실제로 지급한 일부 계약금만 포기하는 것이 아니라 약정한 계약금 전액을 지급해야만 계약을 해제할 수 있게 된다.

중앙선 침범 오토바이와 과속 오토바이가 충돌한 사건에서 운전자의 책임

대법원 2015. 5. 29. 선고 2015다201213, 201220 판결

사안 바라보기

A 씨는 편도 1차로의 시골길에서 제한속도를 초과하여 오토바이를 운전하다가, 반대 차로에서 중앙선을 넘어 좌회전하던 B 씨의 오토바이와 충돌하였다.
중앙선을 무단 침범하여 좌회전한 운전자 B 씨의 과실이 인정됨에는 의문이 없다. 그런데 A 씨의 오토바이는 책임보험에 가입되어 있고, C 보험회사는 A 씨의 상속인에게 보상금(사망 시의 책임보험금)을 지급한 다음 B 씨의 상속인인 피고들을 상대로 구상금을 청구해 왔다. 피고들은 C 보험회사의 구상금 청구에 전액 응해야 할 것인가?

사안에서는 A 씨의 과속운행도 과실로 인정될 여지가 충분하다. 따라서 A 씨의 과실이 인정되면 피고들은 그 부분에 대한 과실상계를 주장할 수 있다.

깊게 들여다보기

오토바이 충돌로 인한 운전자 사망사고 및 보험회사의 구상금 청구

A 씨는 편도 1차로의 시골길에서 제한속도인 시속 60km를 2배 가까이 초과한 시속 116.2km의 속도로 오토바이를 운전하다가, 반대 차로에서 중앙선을 넘어 좌회전을 하던 B 씨의 오토바이와 충돌하였다. 사고 도로에서 A 씨 오토바이 진행방향 오른쪽에는 B 씨가 진입하고자 했던 농로와 갓길 및 농지가 있는데, 농지와 도로는 높낮이에 별 차이가 없고, 그 밖에 대피에 방해가 될 만한 다른 장애물은 없었다. 사고의 충격으로 A 씨의 오토바이는 사고현장에서 약 42.5m 떨어진 곳에, B 씨 오토바이는 약 46.8m 떨어진 곳에 각

각 최종 정차하였고, 당시 A 씨와 B 씨는 각각 안전모(헬멧)를 착용하고 있었음에도 모두 사망하였다.

우선 중앙선을 무단 침범하여 좌회전한 운전자 B 씨의 과실이 인정됨에는 의문이 없다. 따라서 B 씨의 상속인인 피고들은 자동차손해배상 보장법 제3조에 따라 A 씨의 손해를 배상할 책임이 있다. 그런데 A 씨의 오토바이는 책임보험에 가입되어 있고, C 보험회사는 A 씨의 상속인에게 보상금(사망 시의 책임보험금 1억 원)을 지급함으로써 A 씨의 B 씨에 대한 손해배상청구권을 취득한 다음 피고들을 상대로 구상금을 청구해 왔다. 피고들은 C 보험회사의 구상금청구에 전액 응해야 할 것인가?

여기서 운전자 A 씨의 과실 유무, 즉 A 씨의 과속운행 또한 과실로 인정할 수 있는지가 문제 된다.

관련 규정 돋보기

도로교통법 제13조(차마의 통행)

❸ 차마의 운전자는 도로의 중앙(중앙선이 설치되어 있는 경우에는 그 중앙선을 말한다) 우측 부분을 통행하여야 한다.

상법 제682조(제3자에 대한 보험대위)

❶ 손해가 제3자의 행위로 인하여 발생한 경우에 보험금을 지급한 보험자는 그 지급한 금액의 한도에서 그 제3자에 대한 보험계약자 또는 피보험자의 권리를 취득한다.

도로교통에서 적용되는 '신뢰의 원칙'이란?

'신뢰의 원칙'은 도로교통의 영역에서 자동차 운전자에게 요구되는 주의의무의 범위를 한정하는 기능을 한다. 이는 교통사고의 발생에서 피해자나 제3자에 의한 교통법규위반은 없을 것이라고 신뢰하는 것이 상당한 경우에 가해자 측의 교통법규위반이 존재하지 않는 한 가해차량 운전자의 책임이 부정된다는 원칙이다. 그러나 상대방 교통관여자가 제반 법규를 지켜 도로교통에 임하리라고 신뢰할 수 없는 특별한 사정이 있는 경우에는 적용되지 않는다.

중앙선 침범과 신뢰의 원칙

일반적으로 중앙선이 설치된 도로를 자기 차선을 따라 운행하는 자동차 운전자는 마주 오는 자동차도 제 차선을 지켜 운행하리라고 신뢰하는 것이 보통이므로, 상대방 자동차의 비정상적인 운행을 예견할 수 있는 특별한 사정이 없다면 상대방 자동차가 중앙선을 침범해 들어올 경우까지 예상하여 운전하여야 할 주의의무는 없으며, 또한 이 경우 위 자동차 운전자가 제한속도를 초과하여 자동차를 운전하였다고 하더라도 그러한 사정만을 들어 그에게 과실이 있다고 탓할 수는 없고, 다만 그와 같이 과속운행을 아니하였더라면 상대방 자동차의 중앙선 침범을 발견하는 즉시 정차 또는 감속으로 충돌을 피할 수 있었다는 사정이 있었던 경우에는 과속운행을 과실로 볼 수 있다.

운전자 A 씨의 과속운행도 과실로 인정될 여지가 충분하다

대법원은, 사고차량 모두 일반 승용차량에 비하여 크기가 작고 조향이 상대적으로 용이한 오토바이라는 점에서, A 씨가 전방주시의무를 소홀히 하지 않고 제한속도를 준수하여 운행하였더라면 B 씨 오토바이의 중앙선 침범을 발견하는 즉시 제동장치와 조향장치를 조작하여 B 씨 오토바이와의 충돌 자체를 피했을 여지가 있고, 나아가 충돌 자체는 피할 수 없었더라도 적어도 시속 116.2km의 과속 상태로 B 씨 오토바이의 우측면 중간 부분을 그대로 충격하는 형태의 사고는 피할 수 있었을 것으로 보여 당시 안전모를 착용하고 있던 사고 당사자들이 사망에까지는 이르지 않았을 가능성이 충분하므로, 항소심법원은 위와 같은 사정들을 좀 더 면밀하게 심리한 이후에 A 씨의 과실 유무와 그 정도 등을 살펴보았어야 한다고 판단하였다.